"过劳人"的创造力从何而来
——基于恢复体验视角的研究

曲怡颖 著

复旦大学出版社

本书受教育部人文社会科学研究青年项目"'过劳人'的创造力从何而来:基于恢复体验视角的跨层次及短期动态研究"(项目编号:19YJC630134)资助。同时,感谢华东政法大学商学院科研项目资助本书出版。

前言 | FOREWORD

个体创造力成为助力我国经济和社会发展的原动力。我国正处于由"中国制造"向"中国创造"转型的关键时期,企业应该思考创造力提升问题,采取必要措施提高员工的创造力。然而,经济合作与发展组织(Organization for Economic Co-operation and Development,简称OECD)2014年的社会指标报告表明,相比于发达国家,中国劳动者经受着高强度的工作量和工作时间。我国普通大众正在用"打工人""内卷""社畜"等网络流行词自嘲职场生存现状;《2019年科技工作者心理健康状况调查报告》显示,科技工作者陷入长时间身心俱疲的状态。当前,中国员工的职场生存状况不容乐观,"过劳"现象已蔓延成为社会的"流行病"。

笔者在写作本书期间正值新冠肺炎疫情袭扰全球,日常的工作和生活模式都在经受挑战。当我国的"过劳人"经受了更多的不确定环境因素时,他们那些有趣且新颖的思想又将如何去挖掘呢?这些身心俱疲的员工能够迸发出持续的创造力吗?答案无疑是否定的。如何改善这一困境成为亟待解决的问题,或许工作恢复理论可以从一定程度上给予解答。

工作恢复理论认为,让员工从身心俱疲状态中恢复的心理机制可以激发其创造力。本书将围绕"中国情境下如何通过恢复体验持续性激发员工创造力"这一议题,基于工作恢复理论和创造力理论,分别从个体间和个体内层面上,探讨恢复体验对员工创造力的作用机制,主要聚焦三个研究问题:(1)中国情境下的恢复体验问卷(REQ-C)存在有效性吗?(2)在个体间层面上,恢复体验对员工创造力的影响机制如何?(3)在个体内层面上,周末恢复体验与每周员工创造力的动态影响关系如何?为了回答这三个研究问题,本书系统地构建了研究模型的整体框架,并且分别进行了三个实证研究。

首先,中国情境下的恢复体验问卷的有效性验证,为后续研究提供概念基础。基于恢复体验构念内涵和维度的文献分析,构建恢复体验的逻辑关联网,并以1 131份不同职业的中国企业员工为样本,验证恢复体验的维度构成以及中国版本恢复体验问卷的有效性。研究结果表明:中国情境下恢复体验的维度包括心理脱离、放松体验、控制体验和掌握体验四个因素;在中国情境下的恢复体验逻辑关联网络中,影响因素发挥着与以往研究结论不一致的作用,恢复体验在不同维度对其结果变量的作用表现出积极效应。

其次,在静态视角下的个体间层面,构建并验证恢复体验对员工创造力作用机制的理论模型。以工作恢复理论和创造力理论为理论基础,通过分析230名中国企业员工及其直接主管的配对样本,借助层次回归分析的方法,本书探讨了恢复体验对员工创造力的影响机制。研究结果表明:放松体验、控制体验、掌握体验与员工创造力具有显著的正向关系,而心理脱离与员工创造力具有倒U型关系;创造力自我效能感在放松体验、控制体验、掌握体验、心理脱离与员工创造力之间的关系中发挥着完全中介作用;工作复杂性负向调节放松体验、控制体验、掌握体验、心理脱离与创造力自我效能感之间的关系。

最后,为了深入探究恢复体验与创造力的因果关系,在动态视角下的个体内层面，构建并验证了周末恢复体验与每周员工创造力的动态关系的理论模型。以 76 名中国知识型员工为研究对象，通过网络调研的方式实施以工作周为时间单位（共 5 个工作周）的经验取样法收集数据，借助层次回归分析和多层面变异分析等方法对多层次线性模型进行了研究。研究结果表明：恢复体验可以预测创造力在以周为单位的短期动态效应，即周末心理脱离、周末放松体验和周末掌握体验对下一个工作周的员工创造力产生显著的正向影响；周末控制体验对下一个工作周的员工创造力的作用不显著；创造力自我效能感对个体内层面上的周末恢复体验与每周创造力之间的关系具有跨层次调节作用，即创造力自我效能感对周末心理脱离、周末放松体验、周末控制体验和周末掌握体验与每周员工创造力之间在个体内层面上的关系有正向的调节作用；工作特征情境变量的工作复杂性对个体内层面上的周末恢复体验与每周创造力的关系具有跨层次调节作用，即工作复杂性对周末心理脱离、周末放松体验和周末掌握体验与每周员工创造力之间在个体内层面上的关系有负向的调节作用，工作复杂性对周末控制体验与每周员工创造力之间在个体内层面上的关系的调节作用不成立。

总之，本书结合静态和动态分析视角、个体间和个体内研究层面以及特征性和状态性的构念侧面，构建并验证了中国情境下恢复体验对员工创造力的作用机制。研究成果不仅拓展和丰富了相关理论研究，而且对管理实践具有一定的借鉴作用。

目录 CONTENTS

理 论 篇

第一章 恢复体验与创造力概述 003
    第一节 创造力概述 003
    第二节 恢复体验概述 018

第二章 恢复体验对员工创造力的作用机制的相关理论 045
    第一节 基础理论 045
    第二节 创造力自我效能感 053
    第三节 工作复杂性 057

第三章 恢复体验对创造力的作用的理论框架与总体设计 066
    第一节 基本概念 066
    第二节 理论框架 068

实 证 篇

第四章 中国情境下企业员工恢复体验问卷有效性的大样本验证 075
    第一节 实证框架 075
    第二节 实证设计 084

第三节　分析结果　095
第五章　恢复体验对员工创造力的影响机制：个体间层面的
　　　　研究　104
　　第一节　实证框架　104
　　第二节　实证设计　120
　　第三节　分析结果　127
第六章　周末恢复体验与每周员工创造力的影响关系：个体内
　　　　层面的研究　145
　　第一节　实证框架　145
　　第二节　实证设计　154
　　第三节　分析结果　163

应　用　篇

第七章　理论应用　181
第八章　实践应用　185
第九章　结论与展望　189
参考文献　197
附录　数据收集问卷　238
　　问卷一　238
　　问卷二　247
　　问卷三　252
后记　256

理论篇

第一章

恢复体验与创造力概述

第一节 创造力概述

一、创造力的内涵

员工创造力是本书讨论的核心概念,从不同视角阐述创造力可以为本书理论框架的建立提供基础。现有研究对员工创造力的概念主要基于以下三个视角。

人本学派(person-centered)认为,创造力是个体所拥有的某些特殊的人格特质。该观点强调个体间的差异,诸如性格(Gough, 1979)、认知风格(Kirton, 1976)、创造性潜力(Mumford, 2003)。该学派的研究表明,拥有创造性人格特质或者认知风格的个体能够"不走寻常路"。

过程学派(process-centered)关注个体参与的产生创造性结果的整个过程(Shalley & Madjar, 2011)。为了产生创造性想法,个体也许会参与问题识别、资源准备、想法产生以及想法评估的各个阶段(Amabile, 1988, 1996)。该学派的研究表明,在创造性想法产生的每个阶段,个体特征和环境因素会推动创造性过程的发展,并最终产生创造性结果（如新想法）(Shalley, Zhou & Oldham, 2004)。

结果学派（outcome-centered）认为，创造力可以是有形的产出（如产品），也可以是无形的产出（如想法、服务）(Amabile, 1988; Oldham & Cummings, 1996)。该学派的研究表明，个体和环境因素会影响产出结果的新颖性(Amabile, 1988, 1996; Amabile & Mueller, 2008; Woodman, Sawyer & Griffin, 1993)。

不难发现，以往研究大多是从结果导向对员工创造力进行探索的。除此之外，在实践领域中，视作结果的创造力（如新颖且有用的想法）也会影响组织的创新能力和绩效。

本书采纳从结果导向的视角界定员工创造力，即个体或由其组成的集体所产生的新颖且有用的想法(Amabile, 1988)。这些新颖且有用的想法是人类思想的产物(Ghiselin, 1963)，该想法可以涵盖产品、服务以及生产与管理流程等方面。在组织创新文献中，创新被界定为产品、流程或服务的产生或使用(Ettlie, Bridges & O'Keefe, 1984; Tushman & Anderson, 1986)。因此，从结果导向界定创造力与创新的概念保持了一致。

二、创造力的维度和测量

（一）创造力的维度

创造力领域的学者们对创造力的内涵基本形成了较为清晰的界定。一般而言，创造力被认为是一个单维度构念，对新颖性和实用性两个特征，从低水平到高水平的连续度量进行评价。在阿马比尔等(Amabile et al., 1996)的经典文献中，他们提出了创造力是单维度的构念，并探讨了多维度的创新氛围与创造力的关系。

其他一些学者也提出了创造力是多维度结构。斯腾伯格

(Sternberg，1999；2006)认为，创造性贡献存在于多领域中，包括不同的学科(如艺术和心理学)、每个学科中的子门类(如社会心理学和认知心理学)、方法论(如实验和面谈)以及思维过程(如情感和记忆等)。他提出的创造力分类模型清楚地将创造力分为两类：接受现有工作范式和拒绝现有工作范式。昂斯沃思(Unsworth，2001)基于问题的类型和参与创造性过程的动机提出了创造力分类模型，并界定了四类创造力。其中，响应创造力(responsive creativity)是指个体按照外部要求，对具体问题作出的反应结果；贡献创造力(contributory creativity)是指个体对具体问题作出内在驱动的解决方法结果；期望创造力(contributory creativity)是指对自我发现的问题的外在期望的解决结果；前瞻创造力(proactive creativity)是指对自我发现的问题的内在驱动的解决结果。借鉴组织创新领域的研究成果，吉尔森和马贾尔(Gilson & Madjar，2011)将雇员创造力分为渐进性创造力(incremental creativity)和突破性创造力(radical creativity)。但多维度划分仅停留在理论探讨上，缺乏相应的实证研究。因此，目前在管理学领域尤其是组织行为学领域，个体创造力研究的主流还是倾向于单维度。

(二)创造力的测量

目前，个体创造力的测量大体可划分为三种：主观评价、客观评价和主客观评价相结合。

1. 主观评价方法

一般是由员工的直属上级通过量表形式对创造力进行评价。斯科特和布鲁斯(Scott & Bruce，1994)为了测量员工创造力，采用实地访谈的方法开发了员工创新行为量表，题项举例如，"寻找新技术、流程、工艺和产品创意""充分制定实施新想法的计划和安排"(Scott & Bruce, 1994)。基于斯科特和布鲁斯(Scott & Bruce, 1994)的量表开发,周和乔治(Zhou & George, 2001)构建了员工创造力量表,包括13个题项。其中,3个题项来自上述创新行为量表,10个题项来自研究设计。该量表包括创造力的三个方面——专业知识、创造性思维技能和内在任务动机,题项举例如,"建议采用实现目标的新方式""提出用于提高绩效的新颖且有用的想法""提出解决问题的创造性方法"等(George & Zhou, 2007)。该创造力量表或者其中的代表题项在后期很多学者的研究中被采用(Zhang & Bartol, 2010; Baer & Oldham, 2006; Madjar, 2008)。此外,根据阿马比尔提出的创造力经典定义,许多学者从个体产生想法的新颖性和有用性两个方面测量员工创造力(Oldman & Cummings, 1996; Tierney, Farmer & Graen, 1999; Taggar, 2002; Perry-Smith, 2006)。

2. 客观评价方法

从结果导向的视角,部分学者认为员工创造力可以由表示创造性绩效的客观指标进行考核,包括创造性绩效的数量以及新颖性和实用性程度。蒂尔尼、法默和格雷(Tierney, Farmer & Graen, 1999)提出,客观评价和主观评价会产生不一致的结果。由员工的直属上级回答的主观评价的员工创造力会产生偏差,因为上级具有一定的偏好;此外,晕轮效应等因素也会对评价产生干扰作用(Madjar & Oldham, 2002)。因此,员工的创造性绩效可能更准确地体现在客观指标的测评上。例如,廖等学者(Liao et al., 2010)认为个体创造力可以以个体获得的创造力奖金来进行测量。他们在以一家中国钢铁企业的工程师为样本的研究过程中发现,工程师提交产品或流程等的书面计划书即可得到公司奖金。因此,个体创造力水平便体现在这些新颖想法的数量和质量上。

3. 主观评价与客观评价相结合的评价方法

在探究内部动机与创造力的关系的研究中,德韦(Dewett, 2007)对研发人员的创造力采用了主观评价与客观评价相结合的方法。创造力的主观评价是采用创造力量表,例如,与工作有关的新颖且有用的创意;创造力的客观评价指标包括个人论著报告、技术协会奖励、专利证书与奖励等。此外,在奥德曼和卡明斯(Oldman & Cummings, 1996)的研究贡献中也结合了两种评价方法评价创造力,包括上级作出的创造性绩效评估以及员工专利证书和建言贡献。为了有效区分创造力与创新,蒂尔尼、法默和格雷(Tierney, Farmer & Graen, 1999)采用直接上级作出的创造力评价、员工发明报告以及新颖且有用的研究报告数量三个指标衡量研发人员的创造力。

三、创造力的影响因素

(一)创造力理论和模型

创造力的研究领域形成了诸多经典的创造力理论和模型,这为学者们对创造力的前因后果的研究奠定了坚实的理论基础。创造力成分理论(Amabile, 1983, 1990)、创造力投资理论(Stemberg & Lubart, 1991)与创造力交互理论(Woodman, Sawyer & Griffin, 1993; Woodman & Schoenfeldt, 1990)是目前员工创造力领域中最有影响力的理论。

1. 创造力成分理论(Componential Theory of Creativity)

阿马比尔于1983年提出了创造力成分理论,随后分别于1988年和1996年在其发表的论文《组织中的创造力和创新模型》与著作《情境中的创造力》中对该模型进行了发展,由此构建了经典创造力理论。创造力成分理论认为,个体工作创造力是由个体的专业相关技能（domain-relevant skills）、创造力相关过程（creativity-relevant process）[早期称创造力相关技能（creativity-relevant skills）]、内在动机（intrinsic motivation）组成的（Amabile，1983；1988；1990）。

创造力成分理论的进一步发展则充分考察了在创意产生过程中，外部环境和创造性过程的作用（Amabile，1996）。阿马比尔等（Amabile et al.，1996）以高科技企业为研究对象，认为组织变量中的挑战性任务、组织和主管支持以及工作小组支持对雇员内在动机具有显著的促进作用。除此之外，他们还验证了其他组织变量（如组织障碍、工作压力等）会阻碍雇员内在动机。阿马比尔在1988年就已经提出了创造性过程的开端就是参与创造性任务的内在动机。首先，雇员拥有参与创造性任务的兴趣才会开展整个创造性过程。紧接着，雇员针对某一问题或机会，依赖他们的专业相关技能搜索信息和资源，并为了产生新创意尝试获取知识和技能。然后，为了提出解决问题的多种方案，他们会使用创造力相关技能。该技能通过任务中的具体标准对创意或创造性产品进行评估，而此时，专业相关技能也会被用于评估新创意的有用性。最后，在创造性过程中，还需要作出终止、实现或促进新创意的决策。当创造性产出是成功的且不需要再修改时，整个创造性过程便完成了。但是，当创造性产出出现问题或改进机会时，这个过程也可能会回到初始阶段并重新开始。

虽然创造力成分理论受到很多研究创造力的学者们的一致赞同（Collins & Amabile，1999），但是内在动机与创造力之间的关系仍模糊不清。例如，申和周（Shin & Zhou，2003）认为，雇员的内在动机在变革型领导行为与雇员创造力之间的正向相关关系中发挥了部分中介作用。张和巴托尔（Zhang & Bartol，2010）在他们的研究中也表达了类似的观点,他们验证了内在动机在心理授权与雇员创造力之间的正向相关关系中发挥了中介作用。在其他研究中,学者们认为内在动机对创造力没有任何作用(如 Perry-Smith,2006)或者对一系列创造力相关变量(如创造力意图)(Choi,2004)具有负向作用。本书认为,这些不同的研究结论说明了有可能存在其他内在机制可以连接个体和环境因素与创造力之间的关系(如专业相关技能或具体的创造力过程)。除此之外,专业相关技能更倾向于强调知识和技能的重要性,特别是能够用于产生新颖且有用想法的那些感兴趣的领域。但是,很多关于雇员创造力的实例都表明,个体能够产生创意不仅仅取决于他们的专业相关知识和技术技巧,而且还依赖他们特定兴趣领域之外的其他知识和技能(Johansson,2004)。那些能够将工作之外的知识或技能与他们专业相关的知识联结起来的雇员将会在工作中产生更新颖的创意。

2. 创造力投资理论(Investment Theory of Creativity)

斯腾伯格和鲁巴特(Stemberg & Lubart,1991)的创造力投资理论把创造力类比为投资,认为创造力的获取必然需要个体对高增值潜力的创意"买低卖高"。换言之,新颖的想法在提出之际可能会受到挑战与阻碍("买低"),然而,当组织认可并实施该想法时,提出这一想法的创造性个体便增加了创造性产出("卖高"),个体也可以继续搜寻其他的创意。

创造力投资理论提出,个体创造力依赖个体具有的六种资源,包括:(1) 智力过程(intelligence process),即信息的输入、编码、加工、输出过程;(2) 知识(knowledge),即与工作相关的个体经验结构和知识体系;(3) 思维风格(thinking styles),即认知活动过程中的偏好或倾向性;(4) 人格特征(personality),如毅力、冒险、自信等个体特征；(5)动机(motivation)，即个体内部因素或外部因素对个体活动的促进作用以及作用强度；(6)环境(environment)，环境对创造性想法的价值作出反馈并蕴含着激发该想法的因素，也提供了促进与阻碍创造性想法产生与实施的情境。创造力投资理论认为，上述六种个体资源对创造力的影响既可以是各自单独发挥作用，也可以是共同交互作用。

3. 创造力交互理论(Interactionist Theory of Creativity)

在员工创造力研究领域中，创造力交互理论(Woodman et al., 1993; Woodman & Schoenfeldt, 1990)也是具有一定影响力的理论。伍德曼、塞韦尔和格里芬(Woodman, Saywer & Griffin, 1993)将个体层面的创造力交互理论发展成组织层面的创造力交互理论(interactionist theory)。该模型利用跨层次方法对嵌入在复杂社会背景中的创造性过程提出了不同的见解，即跨越组织层次的不同输入要素(如个体的、群组的和组织的特征)的交互作用在不同层次上是如何影响创造力的。个体创造力是个体的认知风格和能力、人格、相关知识、动机、情境等因素交互作用的结果。以往研究正是采用跨层次的方法考察了雇员的情感和情景因素(如奖励，George & Zhou, 2002; 主管支持，George & Zhou, 2007)的交互作用对创造力的影响。尤其是申和周(Shin & Zhou, 2003)提出并总结得出，根据下属的文化价值观(如传统性)，变革型领导力对创造力具有权变作用。

在现有创造力的研究成果中，更多的是运用创造力交互理论分析创造力的前置因素。吉尔森(Gilson, 2008)认为，"将个体创造力及其作用结果作为一个整体直接考察可能并不是最有效的，而个体与工作和(或)个体工作与组织之间的匹配可能会更好地预测创造力与其结果构念之间的关系"。以往的研究已经指出，创造力和环境因素保持一致会有助于雇员的积极行为结果,如想法的实施(Axtell et al.,2000;Baer,2012)和工作满意度(Shalley,Gilson & Blum,2000)。创造力交互理论也可以被用于研究不同类型的创造力对创意实施的作用,以及识别能够影响这种作用的情景因素(Gilson,2008;Baer,2012)。

（二）个体创造力的影响因素

从理论发展脉络上看,现有研究更加关注员工创造力的影响因素。学者们主要从个体因素和环境因素两个方面进行了研究。

1. 个体因素

早期研究主要关注人格特征对创造力的影响。人格特征在创造力投资理论和创造力交互理论中都被作为创造力的重要来源。根据以往的研究成果,奥德曼和卡明斯(Oldham & Cummings,1996)验证了个体创造性人格对创造力具有显著的积极作用,并总结了高创造力者应具备广泛的兴趣、易为事物的复杂性所吸引、敏锐的直觉、高度的审美敏感性、对模糊性的容忍以及自信等人格特质。

尽管人格特征能够在一定程度上预测个体未来的创新绩效,但是在探究创造力个人差异方面却显得远远不足。因此,学者们针对其他能够对创造力产生影响的个体特征展开了大量研究,这些个体特征主要包括性别(gender)(Baer,1999)、工作年限(job tenure)(Tierney & Farmer,2002)、人格特征(personality)(Stemberg & Lubart,1991;Oldham & Cummings,1996)、教育水平(education level)(Madjar,Oldham & Pratt,2002)、自我效能感(self-efficacy)(Ford,1996;Shin & Zhou,2007;Gong,Huang & Farh,2009;Tierney & Farmer,2002,2004)、知识技

能(skills)(Feldhusen & Goh，1995)、认知风格(cognitive style)(Tierney，Farmer & Graen，1999；Scott & Bruce，1994；Shalley & Blum，2009)、绩效和形象期望(performance and image outcome expectation)(Yuan & Woodman，2010)、情感或情绪(affect and emotion)(Amabile et al.，2005；George & Zhou，2002，2007；Madjar et al.，2002；Zhou & George，2001)、心理授权(psychological empowerment)(Spreitzer，1995；Zhang & Bartol，2010)、学习目标导向(learning goal orientation)(Cardinal，2001；Gupta et al.，2006)、动机(motivation)(Perry-Smith，2006；Shalley & Blum，2009；Shin & Zhou，2003；Zhang & Bartol，2010；Yuan & Woodman，2010；张勇和荣立荣，2014)、社会网络(social network)(Perry-Smith & Shalley，2003；张巍、任浩和曲怡颖，2016)以及创造性角色认同(creative role identity)(Farmer，Tierney & Kung-McIntyre，2003；王国猛等，2016)等。

近期，工作恢复与员工创造力之间关系的研究引起了学者们的关注。员工创造力是个体在工作场所中积极态度和组织行为产生的结果(Amabile，1983；Ford，1996)。具有不同积极态度和组织行为的个体也会因为初始动机而表现出不同的行为结果。正如上述理论推证的一样，工作恢复恰好是影响个体初始动机的一个重要心理因素，无论是非工作时间的恢复活动(de Jonge et al.，2012；Eschleman et al.，2014)还是工作场所中的非工作支持或休息活动(Madjar，Oldham & Pratt，2002；Trougakos，Beal & Green，2008；曲怡颖和任浩，2017)都对员工创造力起到了积极的促进作用。实证研究直接拓展了工作恢复理论应用于创造力的研究。具体而言，德容(de Jonge et al.，2012)采用399位荷兰员工的数据，认为恢复体验的不同要素对员工创造力具有不同的影响，认知脱离对员工创造力有负向影响,而情感脱离和身体脱离对员工创造力有正向影响;埃施勒曼(Eschleman et al.,2014)在研究创造力活动对员工创造力的影响机制中验证了恢复体验的中介作用,当员工创造力由其主管和同事评价时,仅恢复体验的心理脱离维度与其创造力呈负向相关关系,恢复体验的其他维度的影响作用并不显著。不难看出,虽然学者们试图填补工作恢复理论与创造力理论之间的空白,但是并没有形成一个系统完整的理论框架来解释工作恢复是如何影响创造力的,这也导致了研究结论的不一致和信度的缺乏,但是却反过来证明了本书拟将构建的理论模型的研究价值。

2. 环境因素

工作特征(job characteristics)作为影响员工创造力的外部环境因素,受到学者们的普遍关注。研究发现,较为复杂的且员工具有较多自主和自由的工作能够孕育员工的创造力(Tierney & Farmer,2002,2004;谢瑶和顾勤轩,2015;王端旭和赵轶,2011)。具体而言,奥德曼和卡明斯(Oldham & Cummings,1996)认为在工作越复杂的情况下,具有较高创造力人格得分(creativity personality score)的员工会产生更多的改进性建议。这种调节效应在由主管评分的员工创造力和专利评价的情况中是不存在的。在复杂度较低的工作情况下,具有较低创造力人格得分的员工产生的创意也相应地是低新颖性。与这一观点一致,创造力人格与无控制监管(non-controlling supervision)的交互作用也会促进改进性建议。上述研究结果充分说明,刻画出创造力类型能够更好地理解工作特征的作用。

此外,影响员工创造力的环境因素还包括工作压力(job stress)(Ford,1996;Amabile et al.,1996,2002;Gutnick,Walter & Nijstad,2012;李光丽和段兴民,2011;刘新梅、崔天恒

和沈力,2016)、领导风格(leadership)(如变革型领导力;Shin & Zhou,2003,2007)、领导成员交换(leader-member exchange)(Tierney et al.,1999;江静和杨百寅,2014)、创造力或创新氛围(innovation climate)(Scott & Bruce,1994;刘云和石金涛,2010;郑建君、金盛华和马国义,2009)、主管或同事支持(perceived support from supervisor or coworkers)(Oldham & Cummings,1996;Madjar et al.,2002;Tierney & Farmer,2004)、主管启发性反馈(supervisor developmental feedback)(George & Zhou,2007;Zhou,2003)、知觉到的组织或团队支持(perceived support from the organization or workgroup)(Amabile et al.,1996;Shalley et al.,2009;Zhou & George,2001)、非工作支持(nonwork creativity support)(Madjar,Oldham & Pratt,2002)以及外部奖励(rewarding)(Baer et al.,2003;Byron,Khazanchi & Nazarian,2010)等。总而言之,这些研究都充分揭示了工作环境或促进或阻碍员工创造力。学者们认为,考察个体因素与环境因素的交互作用是研究和预测创造力较好的视角(Ford,1996;Woodman,Sawyer & Griffin,1993)。由此,上述讨论的环境因素(如工作复杂性)为本研究理论模型中的情境设计奠定了坚实的理论基础。

有关个体创造力影响因素的归纳总结可参见表1-1。

表1-1 创造力影响因素的代表文献汇总

影响因素		研 究 文 献
个体因素	性别	Baer,1999
	工作年限	Tierney & Farmerk,2002

续表

影响因素		研究文献
个体因素	人格特征	Stemberg & Lubart, 1991; Oldham & Cummings, 1996
	教育水平	Madjar, Oldham & Pratt, 2002
	自我效能感	Ford, 1996; Shin & Zhou, 2007; Gong, Huang & Farh, 2009; Tierney & Farmer, 2002, 2004
	知识技能	Feldhusen & Goh, 1995
	认知风格	Tierney et al., 1999; Scott & Bruce, 1994; Shalley et al., 2009
	绩效和形象期望	Yuan & Woodman, 2010
	情感或情绪	Amabile, et al., 2005; George & Zhou, 2002, 2007; Madjar et al., 2002; Zhou & George, 2001
	心理授权	Spreitzer, 1995; Zhang & Bartol, 2010
	学习目标导向	Cardinal, 2001; Gupta et al., 2006
	动机	Perry-Smith, 2006; Shalley & Blum, 2009; Shin & Zhou, 2003; Zhang & Bartol, 2010; Yuan & Woodman, 2010; 张勇和龙立荣, 2014
	社会网络	Perry-Smith & Shalley, 2003; 张巍、任浩和曲怡颖, 2016
	创造性角色认同	Farmer, Tierney & Kung-McIntyre, 2003; 王国猛, 等, 2016
	工作恢复	Trougakos, Beal & Green, 2008; de Jonge et al., 2012; Eschleman et al., 2014; 曲怡颖和任浩, 2017

续 表

影响因素		研究文献
环境因素	工作特征	工作复杂性(Tierney & Farmer, 2002, 2004);工作技能多样性(谢瑶和顾勤轩,2015);工作自主性(王端旭和赵轶,2011)
	工作压力	Ford, 1996; Amabile et al., 1996, 2002; Gutnick, Walter & Nijstad, 2012;李光丽和段兴民,2011;刘新梅、崔天恒和沈力,2016
	领导风格	变革型领导(Shin & Zhou, 2003, 2007; Zhang, Tsui & Wang, 2011)、授权型领导(Zhang & Bartol, 2010);家长型领导(Wang & Cheng, 2009);自我牺牲型领导(徐振亭和罗瑾琏,2016)
	领导—成员交换关系	Tierney et al., 1999;江静和杨百寅,2014
	创新氛围	Scott & Bruce, 1994;刘云和石金涛,2010;郑建君、金盛华和马国义,2009
	工作支持	主管或同事支持(Oldham & Cummings, 1996; Madjar et al., 2002; Tierney & Farmer, 2004);主管启发性反馈(George & Zhou, 2007; Zhou, 2003);组织或团队支持(Amabile et al., 1996; Shalley et al., 2009; Zhou & George, 2001)
	非工作支持	Madjar, Oldham & Pratt, 2002
	外部奖励	Baer et al., 2003; Byron, Khazanchi & Nazarian, 2010

资料来源:本研究整理。

四、小结

员工创造力的研究仍然是当前的研究热点与前沿领域。对组织创新而言,员工创造力的重要性已不言而喻,但是员工创造力领域仍存在诸多研究空白,这需要学者们对这一领域进行持续性的探索。

首先,本节对创造力的内涵进行了简要的概述。从中可以发现,创造力的界定视角虽然不同,但从本质上看,创造力的特征是新颖性和有用性,可以体现在产品、服务以及生产与管理流程等各个方面。本书采用阿马比尔等(Amabile et al.,1996)对创造力的界定,认为创造力是指对组织的产品、服务或管理流程提出的新颖且有用的想法。

其次,基于清晰的创造力内涵,虽然创造力在某些文献中被视为多维度概念,但是目前创造力研究的主流仍倾向于将其视作单维度。已有研究对创造力有多种评价方法,但是在目前的研究中,更多的是采用李克特量表(Likert scale)的主观评价法,评价主体可以是员工自己或其直接上级。

最后,从个体因素和环境因素两个方面,本节对现有文献中创造力的影响因素作了归类和分析。其中,个人因素包括性别、工作年限、人格特征、教育水平、自我效能感、知识技能、认知风格、情感或情绪、心理授权、学习目标导向、动机、社会网络、工作恢复、创造性角色认同等。环境因素包括工作特征(工作复杂性、工作技能多样性、工作自主性)、工作压力、领导风格(变革式领导、授权式领导、家长式领导、自我牺牲式领导)、领导—成员交换关系、创新氛围、工作支持、非工作支持和外部奖励等。

创造力研究领域的硕果颇丰,但也存在着许多研究空白,这也成为进一步研究的着眼点。

(1)创造力的经典理论与研究成果多数是基于西方文化情境的,在中国情境下是否依然存在这些研究结论仍有必要作进一步的探究。目前,创新的影响因素成为我国理论界和实践界的关注焦点,而创造力是创新的源泉,尤其是个体创造力的研究能够挖掘出影响组织创新的关键性因素。因此,在中国的组织情境下,深入探究个体创造力的影响因素是一个亟待解决的议题。

（2）在创造力领域中影响创造力的众多前置因素早已得到学者们的关注并获得了坚实的研究成果。虽然这一视角的研究成果是百家争鸣,然而正如福特(Ford,1996)所言,个体因素是提升创造力的内在动力。可见深入挖掘预测创造力的个体因素仍然是一个基础且重要的议题。已有研究结论普遍认为,内在动机才是创造力因果逻辑链上最近端的影响因素,其他的个体因素是通过个体动机或者认知因素成为创造力的较为远端的影响因素。沿着这个思路出发,工作恢复理论与创造力理论之间的空白尚有待构建理论厘清其关系效应,但是现有研究成果很少,已有研究也没有一个系统完整的理论框架来解释工作恢复是如何影响创造力的,这也导致了研究结论的不一致和信度的缺乏,但是却反过来证明了本书拟将构建的理论模型的研究价值——持续激发员工创造力的新理论视角。

第二节 恢复体验概述

一、恢复体验文献统计分析

在工作恢复的研究领域中,恢复体验是新兴的且发展迅速的议题,而在中国情境下的研究成果却较为匮乏。本书对恢复体验研究现状的梳理,也将推动恢复体验在我国文化背景下的研究进展。因此,有必要详细分析恢复体验的研究现状,基于全面的文献检索,讨论恢复体验的基本理论、关键的测量和设计,以及迄今为止的主要研究发现和不足之处。

为了降低主观选取文献的倾向性,需要做到科学设计(韵江,2011),详细全面地梳理恢复体验已有的研究文献,这样有助于较为清晰地构建恢复体验研究的现有脉络,也有助于本书后续的理论建构。为此,本书依据严格的期刊选择和文献筛选标准,审慎地对已有研究进行较为全面的检索和分析。首先,依托同济大学和诺丁汉大学的数据资源平台,本书选择 Web of science、EBSCO 和 Wiley-Blackwell 作为文献检索的数据库。其次,在对应的学科领域内选择期刊。因为期刊论文的内容准确性高且影响力广泛,所以排除专著和论文集等,将文献来源锁定为国际顶级管理学和应用心理学学科中具有较高影响力的学术期刊(Hutzschenreuter & Kleindienst, 2006)。本书将管理学和应用心理学作为主要学科领域,是因为恢复体验理论属于工作压力与工作恢复研究范畴,源于心理学。此外,对检索的高被引文献进行文献分析,以此补充管理学和心理学领域的遗漏。这主要是因为恢复体验的理论基础也适用于职业健康领域,并在该领域内取得了一定的研究成果。再次,在上述检索领域,通过"关键词选取—文献检索—文献甄别"的过程,筛选出国外对恢复体验的相关研究作为文献分析的基础。文献检索过程的起点是确定恢复体验相关关键词的选取,这是文献研究中最为关键、最有难度和最具争议的环节,却又是文献研究的必经之路。关键词的选取决定了文献筛选的最终范畴。虽然关键词因为构念的内涵复杂和多样而颇具争议,造成了选择上难以取舍的困境,但是结合已有文献,选择最具有包容性的关键词,将尽可能在最大程度上涵盖工作恢复领域的研究范畴。本书选择"recovery experiences"作为检索的关键词,并将关键词扩展为"need of recovery""recovery activities""recovery opportunities""work recovery"等词。从次,在 EBSCO 和 Web of Science 数据库中检索标题、摘要、关键词,筛选出所有的包含至少一个"recovery experiences"关键词的文献。此外,通过SSCI(社会科学引文索引)列表以及索南塔格和弗里茨(Sonnentag & Fritz,2007)的研究,选出高被引文献及对应期刊,通过Web of Science数据库检索期刊卷期补充现有遗漏。检索应用智能检索方法,在筛选出输入词组的同时,系统自动筛选出该词组的变形词组,以扩大检索词的包容性与全面性。[①] 最终文献资料包括233篇恢复体验论文。

最后,对233篇文章进行甄别,选择同行目录记录的、同行评审的学术期刊中的文章;同时,筛除由于多个搜索关键词存在于同一文献中造成的重复文献后,剩余95篇文献。进一步通过文献研读,删除主要研究内容非恢复体验的文献,例如,金等(Kim et al.,2010)发表于《组织科学》(*Organizational Science*)上的文章《从极端的绩效表现中学习组织:成功与恢复体验的影响》("Organizational Learning from Extreme Performance Experience: The Impact of Success and Recovery Experience"),该文实则为探讨企业的两种绩效表现及其交互作用对企业生存学习的作用,并非研究个体层面的恢复体验问题。最终,本书获得恢复体验相关文献共88篇。

文献所归属的学科领域如图1-1所统计的:管理学领域有31篇,应用心理学有25篇,管理学与应用心理学交叉领域有25篇,其他领域有7篇。

从研究内容来看,国外学者对工作恢复的研究集中于概念界定及内涵剖析、构念维度测量和验证、前置因素、后果变量四大方面上。

---

① 本书主要在EBSCO数据库中进行文献检索,因为EBSCO数据库涵盖的期刊学科范围较广、数量较多、刊期较全,也是众多文献研究学者共识性的选择。但EBSCO数据库中并未纳入《组织行为学杂志》[*Journal of Organizational Behavior* (JOB)]。因此,该期刊的文献检索工作在Wiley-Blackwell数据库中完成。

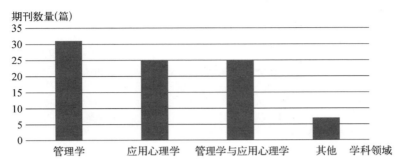

图 1-1 恢复体验文献基本情况统计

关于国内研究现状,本书在中国知网、万方数据库中以"恢复""恢复体验""工作恢复"为题名、关键词、摘要进行检索,共检索到文献 13 篇。其中,期刊文献 7 篇,会议文献 1 篇,硕士学位论文 4 篇,博士学位论文 1 篇(检索时间截至 2016 年 4 月)。在对国内文献进行检索时,本书发现相较于国外的研究发展,国内对工作恢复的研究于近几年展开,且成果较少,真正意义上以"恢复体验"为主题的文献是 2012 年发表于《外国经济与管理》的一篇研究综述,其对国外恢复体验的研究成果作了一定的述评。由于文献质量良莠不齐,本文着重筛选出 4 篇发表在 CSSCI 期刊[①]上的有关恢复体验研究的文章。

不难发现,国内关于工作恢复的研究集中在管理学和职业健康学领域,除了对恢复体验的国外研究现状进行了述评,其余文献主要关注恢复体验中心理脱离这一维度,综述了国外心理脱离的研究现状并探究了心理脱离的影响因素和作用机制(见表 1-2),其余文献的研究成果更多地关注恢复体验的心理脱离策略的作用效果。

---

① 中文社会科学引文索引(CSSCI)由南京大学中国社会科学研究评价中心开发研究而成。由于 CSSCI 收录期刊每两年调整一次,本书在进行中文文献筛选时,以见刊时间为 CSSCI 收录期刊的标准。

表1-2 国内恢复体验文献的期刊分布情况

编号	文 献 名 称	来 源 期 刊	发表年份
1	《国外恢复体验研究述评与展望》	《外国经济与管理》	2012
2	《下班后能否从工作中解脱？——员工心理脱离的影响因素、作用机制与研究展望》	《外国经济与管理》	2015
3	《心理脱离在工作连通行为与工作、家庭冲突间的中介作用》	《中国健康心理学杂志》	2014
4	《组织分割供给与工作情绪衰竭的关系：工作心理脱离和工作—非工作冲突的中介作用》	《心理与行为研究》	2014

资料来源：笔者整理。

二、恢复体验的内涵与构念测量

（一）恢复体验的内涵

1. 恢复的内涵

（从工作中）恢复引起了对职业健康领域（occupational health literature）的重点关注。最早对恢复的关注源自生理学的研究，认为恢复是应激后的休息或放松，主要表现在生理反应参数的持续提升程度上（Linden et al., 1997）。随着跨学科理论的交叉应用，恢复理论在组织行为学和人力资源管理领域引起了广泛关注。在该领域中，现有研究对工作恢复（recovery from work）的内涵提出了仁者见仁的界定。本书认为，从恢复这一概念的本身去思考，可以将已有研究的定论大致分为以下两种观点。

持有过程论观点的学者认为，工作恢复是一个有助于个体恢复的动态过程。比如,梅杰曼和马尔德(Meijman & Mulder,1998)在努力-恢复理论中提出,恢复是指个体被压力体验唤醒的功能系统恢复到压力源应激之前水平的过程。很多学者们也一致认为,恢复是一个与压力过程对立的过程,在该过程中,个体功能恢复到应激前的水平或者个体能够减少压力(Sonnentag & Fritz,2004;Kuhnel & Sonnentag,2011)。索南塔格和戈伊茨(Sonnentag & Geurts,2009)总结了以往对恢复的界定,认为恢复发生在压力源消失的时候,那些感受到压力的个体才会恢复。进一步地,恢复内涵的研究逐渐从以压力应对为导向深入到以工作场所中个体绩效结果为导向。例如,索南塔格和弗里茨(Sonnentag & Fritz,2007)认为,恢复过程有助于情绪或心境损害(impaired mood)的恢复,是行为结果的先决条件。宾纽斯、索南塔格和莫伊扎(Binnewies,Sonnentag & Mojza,2010)认为,恢复是逆转工作要求产生的负向影响的过程,并促使个体的功能系统回到其基准水平。他们还指出,只有工作要求不再消耗个体资源时,恢复才会发生。可以发现,以往学者们的研究虽然也强调了恢复是一个过程,但是并没有清楚明确地界定恢复过程的动态性。随后,齐吉尔斯特拉等(Zijlstra et al.,2014)将恢复界定为与个体心理和生理状态变化相关的一个动态构念,并指出恢复是持续协调实际状态(actual state)和要求状态(required state)的过程。换言之,在恢复过程中,实际状态会围绕着要求状态而不断波动,以满足工作环境提出的资源需求。持有过程论观点的学者们更倾向于从行为路径对恢复进行操作化界定,认为恢复是有助于个体资源补充的活动,换言之,恢复是指一系列的活动,这些活动可以减少疲倦以便帮助个体恢复生理和心理上的绩效预备(performance readiness)(Demerouti et al.,2009)。

持有状态论观点的学者认为,恢复是个体参与恢复活动后的结果(或效应)。例如,宾纽斯、索南塔格和莫伊扎(Binnewies, Sonnentag & Mojza, 2010)认为,恢复是恢复过程的结果,是一段休息时期后的状态。统观现有研究可以发现,恢复水平是最为直接的恢复指标,例如,索南塔格(Sonnentag, 2003)在研究中让被试直接汇报他们在开始工作之前的恢复水平。德梅罗提等(Demerouti et al., 2009)认为,如果在周末进行了成功的恢复活动,员工在周末之后(通常是周一)就会得到充分的恢复状态。在一些自我报告的实证研究中,更多学者将恢复概念化为态度和情感方面的因素,包括主观疲倦(Kinnunen et al., 2011)、恢复需要(Siltaloppi, Kinnunen & Feldt, 2009)、恢复感知(Sonnentag & Natter, 2004)、幸福感(Sonnentag, 2001)、积极情感(Sonnentag et al., 2008)等。该观点更多的是在实证研究中被学者们采用,用于更好地对恢复进行可操作化的处理。

综上所述,恢复的过程论并没有明确界定恢复发生的阶段,而是强调了恢复过程中发生的内容,即工作环境中的要求和压力源会消耗个体资源,而资源的消耗必然引起个体的身心反应并产生一系列行为结果,进而影响组织行为和绩效。过程论已经在探讨过程中会触发结果的内容,即发生了什么导致这样的结果。恢复的状态论则强调恢复过程发生后产生的恢复感觉。持有这种观点的学者将恢复过程发生的时期作为一个时间要素加以考量,以便清楚地界定恢复状态的程度是怎样的。

2. 恢复体验的内涵

恢复体验(recovery experiences)是由索南塔格和弗里茨(Sonnentag & Fritz, 2007)首先提出来的,在工作恢复领域是个相对较为年轻的概念。基于工作恢复的概念和理论,在以往十几年的研究中,越来越多的学者认为非工作时间中的活动(activities)对所有员工具有不一样的作用(Bakker et al., 2013; Sonnentag, 2003),不同的人会选择不同的休闲活动进行恢复,而每种活动的恢复潜力是不同的。更重要的是,即使选择相同休闲活动的个体也会产生不同的行为效果。针对这一问题,索南塔格和弗里茨(Sonnentag & Fritz, 2007)提出了更好的理论建构。他们认为,恢复活动本身不是最重要的,个体参与活动所经历的潜在心理感觉更具有深刻的意义。这两位学者基于前人的研究,明确地提出恢复体验是指:"个体采取提高他们心境的策略,包括认知方式和行为方式;是所有恢复活动所具有的潜在心理恢复过程",比如,有些人在休闲时间内会偏好社交活动,而其他人可能会选择参与工作事务或兴趣爱好。

索南塔格和弗里茨(Sonnentag & Fritz, 2007)提出的恢复体验的内涵获得了主流研究学者们的一定认可,并在实证研究中得以验证。基于早期工作中针对恢复内涵的两种观点的理论脉络,本书梳理了现有研究对恢复体验内涵的界定。弗里茨等(Fritz et al., 2010)关注了个体情感,认为恢复体验是指个体采取的有助于情感状态恢复的策略。岛津等(Shimazu et al., 2012)认为,恢复体验是指个体参与有助于工作恢复的休闲活动时体验到的心理感觉。费尔特等(Feldt et al., 2013)认为,恢复体验是指个体从高风险工作环境中恢复的心理过程,包括心理脱离、放松体验、控制体验和掌握体验。埃施勒曼等(Eschleman et al., 2014)认为,恢复活动具有的心理恢复策略包括心理脱离、放松体验、控制体验和掌握体验。李、秋和玄(Lee, Choo & Hyun, 2016)以酒店服务人员为研究被试,探讨酒店服务人员的恢复体验对其工作行为的影响,认为恢复体验是个体在有压力的组织情境中,用于保存个体精力资源和维护心理与主观幸福感的策略。巴克等(Bakker et al., 2014)则是从工作日层面上,认为恢复体验是个体每天采取不同程度的工作脱离、自我放松、学习新事物的策略。

国内学者们更侧重从心理脱离的角度探讨个体恢复(马红宇等,2014;李爱梅等,2015)。马红宇等(2014)认为,个体在心理上与工作的脱离感有助于个体心理恢复过程;与其观点一致的是,李爱梅等(2015)认为,与工作例行程序以及与工作场所的脱离感有助于个体心理恢复。

迄今为止,有关恢复体验内涵的界定,学术界似乎尚未盖棺定论,对这一问题从不同视角分析更加有助于研究的拓展。本书对文献资料中出现过的恢复体验定义进行了系统的梳理和汇总,可参见表1-3。

表1-3 恢复体验内涵总结

代表文献	恢复体验内涵
Sonnentag & Fritz, 2007	指个体采取提高他们心境的策略,包括认知方式和行为方式;是所有恢复活动所具有的潜在心理恢复过程
Fritz et al., 2010	指个体采取有助于情感状态恢复的策略
Shimazu et al., 2012	指个体参与有助于工作恢复的休闲活动时体验到的心理感觉
Feldt et al., 2013	指个体从高风险工作环境中恢复的心理过程,包括心理脱离、放松体验、控制体验和掌握体验
Eschleman et al., 2014	指恢复活动所具有的心理恢复策略,包括心理脱离、放松体验、控制体验和掌握体验
Bakker et al., 2014	指个体每天采取不同程度的工作脱离、自我放松、学习新事物的策略
Lee, Choo & Hyun, 2016	指个体在有压力的组织情境中,用于保存个体精力资源和维护心理与主观幸福感的策略

续 表

代表文献	恢复体验内涵
马红宇等,2014	指心理脱离,即个体在心理上与工作的脱离感
李爱梅等,2015	指心理脱离,即与工作例行程序以及与工作场所的脱离感

资料来源:笔者整理。

综上所述,学者们在恢复体验内涵上达成的共同点是:恢复体验是指个体的心理恢复,或者是指个体恢复的心理状态,或者是指参与活动所经历的潜在心理过程。提出这一观点的逻辑是,个体参与一项具体的活动并不能有助于个体从工作压力中恢复,而是这项具体活动的潜在因素,例如,放松或心理脱离有助于恢复。基于工作恢复概念的过程论和状态论,本书对应构念的特征,认为可以从特质性和状态性两个角度整合现有实证研究对恢复体验内涵的不同侧重点。此外,根据恢复体验的内涵特征,本书对现有研究的层面和采用的研究方法进行了梳理和汇总,具体内容可参见表1-4。

持有特质性观点的学者们都认为,恢复体验是一个心理恢复的过程;而特有状态性观点的学者们都认为,恢复体验是个体的心理恢复状态。持有特质性观点的学者们通常把恢复体验作为稳定的特质变量进行研究,特质具有短时间内不随时间和情境而变化的特点(Hamaker, Nesselroade & Molenaar, 2007)。因此,这些研究都关注恢复体验在个体间差异上对行为结果的影响,主要采用传统的横截面研究进行实证检验。但是,个体会受到时间和情境的影响,因此,仅用特质并不能有效地预测个体行为,必须同时

表 1-4　国内外学者对恢复体验的构念特征、研究层面与研究方法文献汇总

构念特征	研究层面	研究方法	代　表　文　献
特质性	个体间	纵向研究	Fritz & Sonnentag, 2006; Binneswies, Sonnentag & Mojza, 2008; Sitaloppi et al., 2011
		横截面	Chen, Huang & Petrick, 2016; de Jonge et al., 2012; Eschleman et al., 2014; Feldt et al., 2013; Gluschkoof, 2015; Hahn & Dormann, 2013; Hahn et al., 2011; Halbesleben, Wheeler & Paustianunderdahl, 2013; Kinnunen, Mauno & Siltaloppi, 2010; Kinnunen et al., 2011; Lapierre, 2012; Lee, Choo & Hyun, 2016; Lilius, 2012; Park & Fritz, 2014; Siltaloppi Kinnunen & Feldt, 2009; Siu, Cooper & Philips, 2014; Sonnentag & Zijlstra, 2006; Sonnentag & Fritz, 2007; Sonnentag, 2012; Sonnentag & Kruel, 2006; Sonnentag, Kuttler & Fritz, 2010; Sonnentag, Binnewies & Mojza, 2010; Sonnentag, Unger & Nägel, 2013; Sonnentag & Arbeus, 2014; Tairs et al., 2006; 马红宇等, 2014
状态性	个体内	经验取样法	以工作周为时间单位：Binnewies et al., 2010; Fritz, 2005; Fritz, 2010; Hahn, Binnewies & Haun, 2011; Park & Sprung, 2015; Demerouti et al., 2009; Binnewies & Sonnentag, 2009; Kühnel & Sonnentag, 2011 以工作日为时间单位：Bakker et al., 2013; Demerouti et al., 2012; Dimotakis, Scott & Koopman, 2011; Mojza et al., 2010; Sanz-Vergel, 2011; Schraub, 2013; Sonnentag,

续 表

构念特征	研究层面	研究方法	代 表 文 献
状态性	个体内	经验取样法	2003; Sonnentag & Natter, 2004; Sonnentag & Niesen, 2008; ten Brummelhuis & Baker, 2012; ten Brummelhuis & Trougakos, 2014; Trougakos, Beal & Green, 2008; Trougakos et al., 2014; van Wijhe, 2013; Volman, Bakker & Xanthopoulou, 2013
		日重构法	Bakker et al., 2013; Oerlemans & Bakker, 2014
		实验法	van Hooff & Baas, 2013; Hahn & Binnewies, 2011

资料来源：笔者整理。

重视个体所嵌入的具体时间与情境中状态的特点，才能更好地预测其行为效应。研究者如果采用传统的数据收集方法，就很难获得随时间和情境而变化的变量的状态特征。基于此，持有状态性观点的学者们通过深入挖掘的经验取样法，可以捕捉影响个体状态变量的信息，由此，很多学者开始引入时间截面和情境去思考恢复体验的内涵。

（二）恢复体验的构念测量

现有研究对恢复体验构念维度的研究主要是单维度和多维度之争议，这是由于研究视角和研究方法的差异而使得对恢复体验维度有不同的关注，具体见表1-5。早期，一些学者从单维度考虑恢复体验的构成。例如，斯通等（Stone et al., 1995）认为，放松体验可以缓解日常压力反应,实现个体恢复,同时,他开发了压力应对问卷。埃锡安(Etzion et al.,1998)认为,心理脱离有助于倦怠的恢复,这也得到了索南塔格和拜耳(Sonnentag & Bayer,2005)的研究的支持。与上述观点保持一致的是索南塔格和克鲁尔(Sonnentag & Kruel,2006)的研究,他们基于由148位教师构成的样本数据,探究了心理脱离的恢复作用,采用了索南塔格和拜耳(Sonnentag & Bayer,2005)开发的自我报告和他人报告的方式测量心理脱离。值得说明的是,后期诸多研究都是基于索南塔格和弗里茨(Sonnentag & Fritz,2007)提出的恢复体验模型,学者们以心理脱离为前因变量探究恢复的行为效应(Sonnentag & Fritz,2015;李爱梅等,2015)。此外,其他学者从放松体验的维度考察个体的恢复体验。例如,库赫内尔和索南塔格(Kühnel & Sonnentag,2011)探究假期的衰退效应,认为假期中的放松体验具有恢复效应,并采用索南塔格和弗里茨(Sonnentag & Fritz,2007)的恢复体验量表(REQ)中的放松体验子量表,将其调整为以工作周为时间单位的量表进行测量。范霍夫和巴斯(van Hooff & Baas,2013)也认为,恢复体验是一种放松体验,并基于索南塔格和弗里茨(Sonnentag & Fritz,2007)的恢复体验量表中的放松体验子量表进行测量。

已有某些研究也从两维度和三维度考察了恢复体验。例如,格里芬等(Griffin et al.,2002)探讨了工作-家庭控制对消极情绪的影响,并认为家庭控制和工作控制是员工恢复的策略,弗里茨和索南塔格(Fritz & Sonnentag,2006)在对员工假期恢复的研究中认为,员工是通过放松体验和掌握体验实现假期恢复的。莫雷诺-希门尼斯(Moreno-Jiménez et al.,2008)探讨工作-家庭冲突对员工幸福感的影响,认为恢复体验包括心理脱离和情感言语表达。

此外，莫伊扎等（Mojza et al.，2010）以166位志愿者为研究样本，探究志愿者工作对员工日常恢复的作用。他们认为，恢复体验包含心理脱离、掌握体验和社群体验。宾纽斯等（Binnewies et al.，2010）探究恢复体验对工作绩效的波动效应，认为恢复体验包括心理脱离、放松体验和掌握体验。

通过对主流研究成果的梳理，本书发现大部分学者认同恢复体验是四维度构念，包括心理脱离、放松体验、控制体验和掌握体验。比如，经典的恢复体验四维度构念是索南塔格和弗里茨（Sonnentag & Fritz，2007）提出的，包括心理脱离、放松体验、控制体验和掌握体验。他们开发了恢复体验量表，该量表得到了本领域研究的广泛认可和使用（Sanz-Vergel et al.，2010；Shimazu et al.，2012；Feldt et al.，2013；Bakker et al.，2014；Eschleman et al.，2014；Lee et al.，2016）。

本书认为，恢复体验是一个整体性概念，它包含心理脱离、放松体验、控制体验和掌握体验。其中，心理脱离和放松体验逐渐受到学者们的青睐，探究它们的结果效应。对恢复体验构念内涵的界定有两种观点，因此，在上述众多研究中，恢复体验的不同维度可以从不同的层面进行测量，如表1-5所示。

表1-5 国内外学者对恢复体验维度的划分

研究者	量表名称	结构维度
斯通等（Stone et al.，1995）	压力应对问卷	放松体验
埃锡安（Etzion et al.，1998）	心理脱离问卷	心理脱离
索南塔格和拜耳（Sonnentag & Bayer，2005）	心理脱离问卷	心理脱离

续 表

研 究 者	量表名称	结构维度
格里芬等（Griffin et al.，2002）	工作-家庭控制问卷	家庭控制、工作控制
弗里茨和索南塔格（Fritz & Sonnentag，2006）	假期体验问卷	放松体验、掌握体验
索南塔格和克鲁尔（Sonnentag & Kruel，2006）	心理脱离问卷	心理脱离
索南塔格和弗里茨（Sonnentag & Fritz，2007）	恢复体验问卷	心理脱离、放松体验、掌握体验、控制体验
莫雷诺-希门尼斯等（Moreno-Jiménez et al.，2008）	恢复体验问卷	心理脱离、情感言语表达
戈伊茨等（Geurts et al.，2009）	恢复体验问卷	放松体验
宾纽斯等（Binneswies et al.，2010）	恢复体验问卷	心理脱离、放松体验、掌握体验
桑兹-韦格尔（Sanz-Vergel et al.，2010）	西班牙恢复体验问卷	心理脱离、放松体验、掌握体验、控制体验
莫伊扎等（Mojza et al.，2010）	恢复体验问卷	心理脱离、掌握体验、社群体验
库赫内尔和索南塔格（Kühnel & Sonnentag，2011）	放松体验问卷	放松体验
岛津等（Shimazu et al.，2012）	日本恢复体验问卷	心理脱离、放松体验、掌握体验、控制体验

续 表

研 究 者	量表名称	结构维度
范霍夫和巴斯（van Hooff & Baas，2013）	恢复体验问卷	放松体验
埃施勒曼等（Eschleman et al.，2014）	恢复体验问卷	心理脱离、放松体验、掌握体验、控制体验
李爱梅等，2015	恢复体验问卷	心理脱离
李、秋和玄（Lee, Choo & Hyun，2016）	恢复体验问卷	心理脱离、放松体验、掌握体验、控制体验

资料来源：笔者整理。

三、恢复体验的影响因素

从理论发展脉络上看，现有文献关于影响恢复体验的因素主要从恢复活动、工作特征两个方面进行了研究。

在恢复活动方面的已有研究重点关注个体在下班后所参与的各种影响员工恢复体验的活动。恢复活动可以分类为：具有恢复潜力的活动，如睡眠、低努力活动、放松活动、社交活动、生理活动、创造性活动；阻碍恢复的活动，如工作相关的活动、家务和孩子看护活动。本书的研究重点不在于具体一类活动，因此，简要举例说明恢复活动的作用。例如，哈恩等（Hahn et al.，2012）研究发现，周末与配偶共同参与休闲活动能够正向预测心理脱离、放松体验和掌握体验。莫伊扎等（Mojza et al.，2010）的研究发现，参与志愿者活动的时间与掌握体验和社群体验正相关。哈恩等（Hahn et al.，2011）的实验则为组织通过恢复培训计划提升员工的恢复体验提供了实证支持。此外，也有学者考察了工作时间或工作场所中影响恢复体验的活动，例如，特鲁加科斯等（Trougakos et al.，2014）研究了工作午餐的间歇有助于个体的心理恢复水平。

除了个体参与的恢复活动之外，基于相关的工作特征理论，已有研究重点探讨了工作要求和工作资源对恢复体验的影响（Sonnentag & Fritz, 2007；Siltaloppi, Kinnunen & Feldt, 2009；Parks et al., 2011）。例如，索南塔格和弗里茨（Sonnentag & Fritz, 2007）的研究表明，工作要求（涉及时间压力、角色冲突、情境限制、加班等）会抑制恢复体验。帕克斯等（Parks et al., 2011）的研究表明，工作-家庭角色分割偏好、分割规范感知与心理脱离正相关；工作-家庭边界越清晰、对他人（如上司或同事）工作-家庭分割规范的感知越强烈，员工恢复得越好。金努宁等（Kinnunen et al., 2011）基于工作要求-资源理论模型，以527名多职业的员工为样本对象，探讨了恢复体验在工作要求和工作资源与工作倦怠和工作投入之间关系的中介作用。研究发现，心理脱离具有完全中介作用而掌握体验具有部分中介作用。此外，根据资源保存理论，员工的积极心理资本作为一种特殊的心理资源，也可能是恢复体验的重要影响因素。

总而言之，恢复活动既可以促进恢复体验，也可以抑制恢复体验。恢复体验是重要的研究议题。通过对恢复体验内涵的梳理和归纳可知，恢复活动产生的心理恢复潜力具有更重要的研究价值。因此，本书也不会对恢复活动展开分析，而是重点着笔于心理恢复机制的作用。此外，工作特征中的工作要求主要表现出抑制恢复体验的功能，工作资源对恢复体验具有积极效应。本书在后续研究中将关注影响恢复体验工作特征因素的工作要求和工作资源，会作重点理论推证。

四、恢复体验的作用机制

恢复体验研究涉及管理学、心理学等多学科领域,由此造成了对恢复体验作用结果研究的不一致。对恢复体验结果变量的梳理、总结和分析,有助于理清整个研究发展脉络,为理论模型的构建奠定基础,从而使本书的贡献可以推进恢复体验的研究向纵深发展。总的来看,学术界对恢复体验的结果变量的讨论表现出从心理状态到行为结果、从个体间差异到个体内差异、从集中到多元的研究发展特征。对恢复体验结果变量的研究关注焦点主要分为心理变量和行为结果。恢复体验对心理状态的影响,涉及态度类变量和状态类变量,其中,状态类变量曾是研究的热点。状态类变量方面的研究主要包括压力反应(strain reactions)、恢复状态(state of recovery)、恢复需求(need for recovery)、健康抱怨(health complaints/physical health)、工作倦怠(job burnout)、情绪衰竭(emotional exhaustion)、情感(affect)、工作投入(work engagement)等。态度类变量方面的研究主要包括生活幸福感(life satisfaction)、工作幸福感(career satisfaction)、组织自尊(organization-based self-esteem),具体见表1-6。在大多数实证研究中,学者们更关注的是恢复体验对员工主观幸福感的影响(psychological well-being/subjective well-being),并由此认为主观幸福感是员工的情感体验和认知评价的综合体。尽管恢复体验研究影响到的心理变量很多,但学者们在实证研究中较为一致地认为这些状态类和态度类的心理变量可以统归到员工的主观幸福感层面上。以下本书将重点分析高被引文献中恢复体验对心理变量包括的各个状态类变量和态度类变量的影响。

表1-6 恢复体验结果变量的代表文献汇总

结果变量		文 献 来 源
心理变量	状态类变量	
	压力反应：疲劳/健康受损/睡眠等	Sonnentag & Zijlstra，2006；Sonnentag & Fritz，2007；Siltaloppi et al.，2011；Garrick et al.，2014
	恢复状态	Binnewies, Sonnentag & Mojza，2009，2010
	恢复需求	Sonnentag & Fritz，2007；Siltaloppi, Kinnnune & Feldt,2009；Kinnunen, Mauno & Siltaloppi，2010；Sonnentag, Kuttler & Fritz，2010；Kinnunen et al.，2013
	健康抱怨	Fritz & Sonnentag，2006；Sonnentag & Fritz，2007；Sonnentag, Binnewies & Mojza，2010；Shimazu et al.，2012
	工作倦怠	Fritz & Sonnentag，2006；Sonnentag & Fritz，2007；Siltaloppi et al.，2009；Kinnunen, Mauno & Siltaloppi，2010；Siltaloppi et al.，2011；Kuhnel & Sonnentag，2011；Kinnunen et al.，2013
	情绪衰竭	Fritz et al.，2010；Sonnentag, Kuttler & Fritz，2010；Sonnentag, Binnewies & Mojza，2010
	情感	Sonnentag et al.，2008；Hahn & Binnewies，2012；Shimazu et al.，2012；Shimazu et al.，2016
	工作投入	Kuhnel, Sonnentag & Westman，2009；Siltaloppi, Kinnnune & Feldt，2009；Kinnunen, Mauno & Siltaloppi，2010；Sonnentag, Binnewies & Mojza，2010；Siltaloppi et al.，2011；Kuhnel & Sonnentag，2011；Sonnentag et al.，2012；ten Brummelhuis & Bakker，2012；Shimazu et al.，2012；Kinnunen & Feldt，2013；Garrick et al.，2014；Venz & Sonnentg，2015；Shimazu 2016；Lee et al.，2016

续表

结果变量		文献来源
心理变量	态度类变量 生活幸福感	Sonnentag & Fritz, 2007; Fritz et al., 2010; Lee et al., 2016
	工作幸福感	Lee et al., 2016
	组织自尊	Lee et al., 2016
行为结果	任务绩效	Fritz & Sonnentag, 2006; Binnewies, Sonnentag & Mojza, 2010; Fritz et al., 2010; Sonnentag 2012; Shimazu et al., 2012; Volman et al., 2013
	组织公民行为	Binnewies, Sonnentag & Mojza, 2009, 2010; Eschleman, et al., 2014
	个人主动性	Sonnentag, 2003; Binnewies, Sonnentag & Mojza, 2010
	努力付出	Fritz & Sonnentag, 2006; Binnewies, Sonnentag & Mojza, 2010
	主动学习	Sonnentag, 2003; de Jonge et al., 2012
	创造力	de Jonge, et al., 2012; Eschleman et al., 2014
	前瞻性行为	Fritz et al., 2010

资料来源：笔者整理。

（一）心理变量

大多数现有文献采用横截面研究方法、纵向研究方法和日志研究方法，且得到了较为一致的研究结论，认为恢复体验对心理结果变量具有积极影响（Fritz & Sonnentag, 2006; Sonnentag & Fritz, 2007; Siltaloppi, Kinnnune & Feldt, 2009; Fritz et al., 2010; Kinnunen et al., 2010; Sonnentag et al., 2010; Siltaloppi et al., 2011; ten Brummelhuis & Bakker, 2012; Shimazu et al., 2012; Garrick et al., 2014; Shimazu et al., 2016; Lee et al., 2016)。例如,西尔塔洛皮、金努宁和费尔特(Siltaloppi, Kinnnune & Feldt, 2009)采用527份芬兰员工样本,检验了恢复体验对职业幸福感的直接效应和调节效应。研究结论表明,心理脱离和掌握体验在缺乏工作控制的情景中,对恢复需要的增加具有减缓作用;放松体验在高时间要求的情景下,有助于抵制工作倦怠的增加;恢复体验的心理脱离和掌握体验尤其对职业幸福感具有直接促进作用。金努宁、莫诺和西尔塔洛皮(Kinnunen, Mauno & Siltaloppi, 2010)采用527份样本检验了恢复体验对工作健康(恢复需要、工作倦怠和工作活力)的直接效应和调节效应。研究结果表明,恢复体验有助于恢复,即心理脱离有助于降低恢复要求和工作倦怠,掌握体验有助于工作活力;在高水平的工作不安全感情景下,恢复体验有助于储存资源,即放松体验可以缓冲增加的恢复要求,休闲时间中的控制体验则无法起到相同作用,心理脱离会缓冲低水平的工作活力。岛津等(Schimazu et al., 2016)采用2 234名不同行业的普通员工的样本来检验非工作时间的高水平心理脱离是否与更好的员工心理健康相关以及是否心理脱离对工作投入具有倒U型关系。研究结果表明,心理脱离与心理健康和工作投入之间具有非线性关系。当心理脱离从低水平向高水平增加时,心理健康也会提高,但在最高水平的心理脱离上,心理健康没有任何提高;工作投入会在心理脱离中间水平上表现出最高水平(倒U型关系)。虽然高水平的心理脱离可以促进员工心理健康,但是适当的心理脱离水平对员工工作投入是最有利的。李等(Lee et al., 2016)采用376名酒店员工样本以横截面研究方法验证了恢复体验的结构效度及其对员工职业幸福感过程的影响。研究结果表明，所有恢复体验，即心理脱离、放松体验、掌握体验和控制体验，都可以积极预测组织自尊进而影响工作奉献、职业满意度，并对生活满意度具有显著的正向影响。除了采用横截面研究方法之外，也有学者采用纵向研究方法对恢复体验与其心理结果变量进行检验。例如，弗里茨和索南塔格（Fritz & Sonnentag, 2006）采用221份大学职工样本以纵向研究方法检验具体假期体验对员工健康和绩效相关结果的影响。研究结果表明，假期中的放松体验和掌握体验显著地与自我报告的假期2周后的努力付出呈负向相关关系。弗里茨等（Fritz et al., 2010）采用229份样本以纵向研究方法检验了从工作中心理脱离可能的结果变量，特别是身心健康和工作绩效。研究结果表明，自我报告的心理脱离水平越高，他人报告的生活满意度水平也越高，同时，情绪衰竭水平越低。索南塔格、宾纽斯和莫伊扎（Sonnentag, Binnewies & Mojza, 2010）采用309份人力服务部门的员工样本以纵向研究方法检验了工作要求和心理脱离与心理幸福感和工作投入之间的关系。研究结果表明，心理脱离可以预测情绪倦怠以及缓冲工作要求与身心抱怨增加之间的关系，也可以缓冲工作要求和工作投入增加之间的关系。西尔塔洛皮、金努宁和费尔特（Siltaloppi, Kinnunen & Feldt, 2011）采用274名芬兰员工的样本以纵向研究方法检验恢复体验模式（心理脱离、放松体验、掌握体验、控制体验的不同水平），以及他们与心理变量（工作疲劳、工作投入和睡眠问题）的关系。研究结果表明，在一年的追踪调研中，样本表现出5种恢复体验模式：超过70%的员工属于4种恢复体验方式处在合理的高稳定水平的模式，在这种模式中，员工会遭受最少的工作疲劳和睡眠问题；在余下的4种模式中，那些具有高水平掌握体验和控制体验的员工具有最高的工作投入，同时，4种恢复体验方式处于逐渐降低水平的个体,其工作疲劳也会随时间增加。进一步地,登布鲁梅尔赫伊斯和巴克(ten Brummelhuis & Bakker,2012)为了打开员工的恢复过程,采用74份样本以日志研究方法检验了非工作活动在多大程度上会通过心理脱离和放松体验来影响员工第二天上午的活力和工作投入。研究结果表明,休闲活动(社交、低努力和身体活动)会通过促进心理脱离和放松体验增加第二天早上的活力;而高责任的非工作活动(工作和家务任务)会通过减弱心理脱离和放松体验减少工作活力和工作投入。

以检验恢复体验问卷效度为目的的研究,也验证了恢复体验与各个心理结果变量之间具有一定的相关关系(Sonnentag & Fritz,2007;Sanz-Vergel et al.,2010;Shimazu, et al.,2012)。例如,索南塔格和弗里茨(Sonnentag & Fritz,2007)采用271份样本检验了恢复体验的推证网,揭示了恢复体验与心理幸福感具有适度的关系,即恢复体验的心理脱离、放松体验、掌握体验和控制体验与健康抱怨、情绪衰竭、抑郁症状、生活满意度和睡眠问题具有相关关系,但是研究结论并没有给出具体的影响效果。此外,岛津等(Shimazu et al.,2012)通过网络调查了2520份样本,检验了日本版本的恢复体验问卷,即评估个体如何在休闲时间内从工作中放松和恢复(如心理脱离、放松体验、掌握体验和控制体验)。研究结果表明,恢复体验与其可能的结果变量(身体健康、心理健康与工作投入)具有一定的相关关系。

(二)行为结果

恢复体验行为结果主要体现在对绩效相关结果的作用上,包括任务绩效(task performance)(Fritz & Sonnentag,2006; Binnewies et al.,2010;Fritz et al.,2010;Sonnentag,2012;

Shimazu et al.，2012；Volman et al.，2013)、组织公民行为（organizational citizenship behavior）(Binnewies et al.，2009，2010；Eschleman et al.，2014)、个人主动性（personal initiative）(Sonnentag，2003；Binnewies et al.，2010)、前瞻性行为（proactive behavior）(Fritz et al.，2010)、主动学习（active learning）(Sonnentag，2003；de Jonge et al.，2012)、创造力（creativity）(de Jonge et al.，2012；Eschleman et al.，2014)、努力付出（effort expenditure）(Fritz & Sonnentag，2006；Binnewies et al.，2010)。这些绩效相关变量的多样性主要是因为不同研究对绩效结果有着不同的维度划分。例如，索南塔格（Sonnentag，2003)认为，绩效相关结果包括个人主动性和主动学习；宾纽斯、索南塔格和莫伊扎（Binnewies，Sonnentag & Mojza，2010)认为，绩效相关结果包括任务绩效、个人主动性、组织公民行为和努力付出，具体参见表1-6。

其中，恢复体验对任务绩效的影响得到学术界的广泛关注。有趣的是，早期的纵向研究以及后来的横截面研究和日志研究得出了不一致的结论。早期，弗里茨和索南塔格（Fritz & Sonnentag，2006)采用纵向研究检验假期中的恢复体验对任务绩效的影响，研究结果表明，在提供资源的假期中，放松体验和掌握体验与任务绩效之间的相关关系并不显著。宾纽斯、索南塔格和莫伊扎（Binnewies，Sonnentag & Mojza，2010)采用133份样本从个体内视角以4个工作周为时间跨度，探讨恢复体验对任务绩效的影响，研究结果也证实了周末心理脱离、放松体验和掌握体验对每周任务绩效的作用不成立。其他学者的研究结果表明，恢复体验与任务绩效之间具有显著的正向相关关系，例如，岛津等（Shimazu et al.，2012)采用2 520份样本数据从恢复体验前因后果的逻辑关系视角提出了恢复体验的心理脱离、放松体验、掌握体验和控制体验与工作绩效显著相关。进一步地,沃尔曼等(Volman et al., 2013)采用日志研究方法对5个工作日的经验进行取样,探讨了下班后的活动对当日工作绩效的影响,研究结果证实了心理脱离通过促进员工的恢复状态会提高员工的任务绩效。弗里茨等(Fritz et al., 2010)的研究结果指明,恢复体验与同事评价的任务绩效之间具有曲线关系,适当的心理脱离更有利于员工提高任务绩效。

恢复体验对其他绩效相关结果的研究相对而言比较少,且缺乏对作用机制的探讨。(1)恢复体验对组织公民行为的影响方面,埃施勒曼等(Eschleman et al., 2014)采用自我测评和主管同事测评的方式探讨了创造性活动对创造力、组织公民行为(人际维度)、组织公民行为(组织维度)的影响。研究表明,控制体验对自我测评的组织公民行为(组织维度)具有显著的正向作用,掌握体验对由主管和同事测评的组织公民行为(组织维度)具有显著的正向作用,心理脱离对自我测评组织公民行为(人际维度)、组织公民行为(组织维度)具有显著的负向作用。但是,宾纽斯、索南塔格和莫伊扎(Binnewies, Sonnentag & Mojza, 2010)采用133份样本从个体内视角以4个工作周为时间跨度的研究结论表明,周末恢复体验对每周组织公民行为没有显著的影响。(2)恢复体验对个人主动性的影响方面。现有研究认为,恢复体验有助于个人主动性的提高(Sonnentag, 2003;Binnewies, Sonnentag & Mojza, 2010)。(3)恢复体验对前瞻性行为的影响方面,弗里茨等(Fritz et al., 2010)发现了心理脱离和同事报告的前瞻性行为之间具有曲线关系,适当的心理脱离更有利于促进员工的前瞻性行为。(4)恢复体验对主动学习的影响方面。研究表明,认知脱离对主动学习具有负向的作用(de Jonge et al, 2012),而恢复状态会通过工作投入促进个体的主动学习(Sonnentag，2003)。(5)恢复体验对努力付出的影响方面。研究结果表明，放松体验对努力付出具有显著的正向作用(Fritz & Sonnentag，2006；Binnewies, Sonnentag & Mojza，2010)。(6)恢复体验对创造力的影响方面，埃施勒曼等(Eschleman et al.，2014)在研究创造力活动对员工创造力的影响机制中，验证了恢复体验的中介作用，当员工创造力由其主管和同事评价时，员工的心理脱离与其创造力呈负向相关关系，但是恢复体验的其他要素的影响作用不显著。德容(de Jonge et al.，2012)认为，恢复体验的不同要素对员工创造力具有不同的影响，其中，认知脱离对员工创造力有负向影响，而情感脱离和身体脱离对员工创造力有正向影响。

五、小结

首先，恢复体验的概念及研究现状得到了梳理和归纳总结。通过对(从工作中)恢复内涵的梳理，本书认为，恢复的过程论和状态论并不矛盾，而是相互耦合统一的。以上两种观点可以在行为路径上融合为一体，共同解释不同类别的恢复活动背后所具有的较为一致的心理恢复，即恢复体验。这更有利于清晰地阐明工作恢复的本质，揭示工作恢复的作用机制。通过对恢复体验内涵和维度的系统梳理和汇总，本书认为，有关恢复体验内涵的界定，学术界尚未盖棺定论。现有研究关于恢复体验的内涵更多地关注个体恢复的某一个侧面，如何从一个整合的角度对恢复体验的内涵作出全面的界定是值得探索的问题。此外，恢复体验的构成不统一且尚未在中国情境下形成通用的恢复体验测量量表，并且通过中国情境下的大样本验证恢复体验的经典量表也是值得拓展的研究。基于索南塔格和弗里茨(Sonnentag & Fritz，2007)对恢复体验的界定,本书认为,恢复体验是指个体的心理恢复,体现在个体恢复的心理状态以及参与活动所经历的潜在心理过程,包括心理脱离、放松体验、控制体验和掌握体验四种体验。

其次,恢复体验的影响因素得到了简要概括和归纳。恢复体验的影响因素主要包括非工作活动和工作情景因素。其中,非工作活动包括低责任活动(如社交活动、体力活动)以及高责任活动(如与工作相关的活动);工作情景因素主要包括工作要求和工作资源。本部分的梳理也为理论模型构建提供了文献基础。

最后,恢复体验的作用机制得到了系统的梳理和总结。学术界对恢复体验的结果变量的讨论,表现出从心理状态到行为结果、从个体间差异到个体内差异、从集中到多元的研究发展特征。对恢复体验结果变量的研究关注焦点主要分为心理变量和行为结果。恢复体验对心理状态的影响,涉及态度类和状态类变量,其中,状态类变量曾是研究的热点。恢复体验行为结果主要体现在对绩效相关结果的作用上。本部分对恢复体验的影响作用进行了较为系统化的整理,一方面,发现恢复体验与员工创造力的研究基础相对薄弱,且较少的研究成果得出的结论也不一致;另一方面,现有研究主要集中在个体层面上,对恢复体验影响机制的深入探讨较为欠缺。因此,深入挖掘和讨论恢复体验与员工创造力的关系成为重要的研究议题,本书拟构建并验证恢复体验对员工创造力的作用机制。

第二章

恢复体验对员工创造力的作用机制的相关理论

第一节 基础理论

组织行为领域的研究,关注个体内层面(intra-individual level)、个体间层面(inter-individual level)、团队层面(team/group level)、组织层面(organizational level)的行为与结果,以及影响行为与结果的因素及其发生机制。更重要的是,在林林总总的因素中,有着错综复杂的因素间的相关关系。如何厘清领域内的脉络和各种关系,解析组织环境、个体实践、个体认知以及行为绩效之间的逻辑路径,相关理论是开启研究之门的钥匙。本书主题的构建主要基于工作恢复理论、创造力成分理论、自我效能理论、特征激活理论和多层次理论。

(一)工作恢复理论

1. 资源保存理论

资源保存理论(Conservation of Resources Theory,COR; Hobfoll,1989)已发展了近 30 年,并逐渐成为组织行为学领域中

重点关注的理论。COR 理论早期被应用在发展心理学领域（Hobfoll，2001a）和个体压力模型构建（Westman et al.，2004）两个方面。除此之外，也有学者们对基于 COR 理论构建的假设命题作了元分析回顾（Halbesleben，2006；Lee & Ashforth，1996；Luchman & Gonzáles-Morales，2013；Ng & Feldman，2012）。近期，COR 理论已获得组织领域学者们的青睐，并成为一种解释组织情景中现象发生的重要理论。

COR 理论的基本假设是：个体会积极主动地保护他们现有的资源-保存（conservation），并且获取新资源-获得（acquisition）。由 COR 理论的前提假设可知，该理论是构筑在资源导向的基础之上的。所谓资源，泛指个体所感知到的、有价值的那些物质资源、个人特征资源、条件资源、能量资源等（Hobfoll，1989）。但是，这些资源因人、因情况而具有不同的价值（Halbesleben et al.，2014）。资源保存理论的基本命题与推论以及在已有文献中的应用如表 2-1 所示。

表 2-1 资源保存理论的基本命题和推论

命题或推论	内　　容	理论验证的实例
命题 1	资源损失的重要性优先于资源获得	Lee & Ashforth（1996）；瞿皎皎、曹霞和崔勋（2014）
命题 2	个体必须投入资源才能获得资源，才能避免资源损失或从资源损失中恢复	Halbesleben, Harvey & Bolino（2009）；Halbesleben & Wheeler（2008）；Ng & Feldman（2012）；Vinokur & Schul（2002）；瞿皎皎、曹霞和崔勋（2014）

续 表

命题或推论	内　　容	理论验证的实例
推论1	个体拥有的资源越多,越有利于其获得资源;个体拥有的资源较少,则更可能遭受资源损失	Demerouti, Bakker & Bulters(2004); Whitman, Halbesleben & Holmes(2014);高中华等(2012)
推论2	初始资源损失会产生未来资源损失	Demerouti, Bakker & Bulters(2004)
推论3	初始资源增加会产生未来资源增加	Hakanen, Peeters & Perhoniemi(2011); Halbesleben & Wheeler(2008); Xanthopoulou et al.(2009)
推论4	资源的匮乏导致保存余留资源的防御努力	Halbesleben(2010); Halbesleben & Bowler(2007); Halbesleben & Wheeler(2011)

资料来源：Halbesleben et al.(2014)和笔者整理。

2. 努力-恢复理论

努力-恢复理论（Effort-Recovery Model; Meijman & Mulder, 1998）以生理学理论为基础，前提假设是工作上的努力付出会使个体产生适应性生理反应（如心率加快、血压升高、疲劳等）。该理论认为，员工为满足工作要求（涉及角色模糊、角色冲突、时间压力、过重的工作负担和紧张的工作气氛等）而付出努力之后，经过短期的休息，其身心系统会再次恢复到基准水平，并从努力工作产生的适应性生理反应（工作负荷反应）中得到足够的恢复，适应性身心反应也会减少并最终消失。但是，如果在承担工作负荷之后没有得到恢复，身心系统在恢复到基准水平之前会再一次被激活，正常的努力-恢复过程受到阻碍。处于这种非最佳状态的员工必须在随后的工作中付出额外的努力来完成任务,这会增加其工作负荷反应的强度,反过来又会导致慢性心率加快、高血压、慢性疲劳综合征、失眠等健康问题。

本书认为,资源保存理论和努力-恢复理论是恢复体验的两个彼此互补的基础理论。在组织情境中,资源保存理论意味着工作环境或工作任务威胁了个体资源,员工在离开工作环境后,将有策略地再投入资源(参与恢复体验)以期重新获取满足个人目标或动机的新资源(Halbesleben et al,2014)。努力-恢复理论意味着工作环境或工作任务过度要求了员工对自己有价值资源的挖掘,以至于产生了资源的螺旋损耗(Hobfoll,1989)和个人的恢复需求(Trougakos et al.,2008)。因此,资源保存理论和努力-恢复理论揭示了员工参与恢复体验保存现有资源和获取新资源是激发员工创造力的关键。

(二)创造力成分理论

随着创造力理论的不断演进,阿马比尔的创造力成分理论提出创造力是三个个体因素的函数:专业相关技能、创造力相关过程、内在动机(Amabile,1983,1988,1990)。专业相关技能是个体创造力产出的原材料,包括基础知识和工作中所需要的技术技能等,它更加依赖个体的自主能力以及非正式学习途径。专业相关技能更倾向于强调知识和技能的重要性,特别是能够用于产生新颖且有用想法的那些感兴趣的领域。但是,很多关于员工创造力的实例表明,个体能够产生创意不仅仅取决于他们的专业相关知识和技术技巧,而且还依赖他们特定兴趣领域之外的其他知识和技能(Johansson,2004)。那些能够将工作之外的知识或技能与他们专业相关知识联结起来的员工,将会在工作中产生更新颖的创意。创造力相关过程包括一系列认知模式、社会技巧以及工作模式。其中,认知模式会促进个体灵活地且创造性地收集并处理信息,社会技巧有助于个体与他人沟通想法,工作模式则在创造性努力中维持个体的注意力和精力。内在动机是指个体自我兴趣和满意主动参与任务的动力。这三个成分要素中任何一个要素水平的提高都会提升创造力绩效。正如阿马比尔(Amabile,1988)的研究所得出的结论一样,内在动机对个体创造力具有显著的正向影响,这是因为对创造性任务不感兴趣的个体几乎不可能投入已有资源去产生新的创意。

依据创造力成分理论,在工作恢复中个体能够配置任务所需要的各种资源是创造力基本要素形成的必要条件。因此,本书引入非工作时间的恢复体验,探讨其与创造力的关系,具有坚实的理论基础。

(三)自我效能理论

班杜拉(Bandura,1977)以社会认知理论为总框架,从自我参照思维角度探索自我效能对个体心理社会性机能的影响,注重研究自我效能在行动和情感唤醒中的作用,把自我效能信念作为自我系统中在行为调节方面起核心作用的一个极为重要的因素给予必要的关注,并由此创立了自我效能理论(Self-efficacy Theory)。

一方面,从性质上来说,自我效能不仅是一种个体特征因素,而且是一种介于动机和行为之间的因素,具有动力激发作用,自我效能也是一种自我生成能力。社会认知理论认为个体自我效能的形成主要源于四个方面:社会说服(social persuasion),即他人口头的说服确认了个体完成任务的能力;心理状态(physiological state），即个体完成任务时厌恶的肉体和情绪唤醒；间接经验（vicarious experience），即个体通过观察和模仿社会而获得的经验；成功体验（mastery experience），即个体通过成功地完成任务而获得自信和成绩感等。另一方面，自我效能主要通过以下四种功能积极发挥着对人类机能的影响：认知过程，即影响个体的目标设立、认知建构和推理性思维；动机过程，即各种不同形式的认知性动机（如因果归因、结果预期、认知性目标等）都能发挥作用；情感过程，即通过控制思维、行为和情感三种途径影响情绪经验的性质和紧张性；选择过程，即个体的效能判断可以通过影响活动选择和环境选择来塑造发展道路。相关的元分析和实证研究都支持自我效能感是工作行为和绩效的重要预测因素（张鼎昆等，1999）。

依据自我效能理论，个体恢复体验会影响自我效能感的形成来源，而自我效能感的功能对个体创造力具有重要影响且其影响员工对外部环境的感知。由此，在创造力情境中，创造力自我效能感发挥的不同作用值得深入探讨。

（四）特征激活理论

特征激活理论认为，个体对情境的知觉会调节其个人特征对行为的影响效果（Mischel，1977；Tett & Burnett，2003）。情境强弱决定了个体所感知的期望行为是否具有一致性（Barrick & Mount，1993；Beaty et al.，2001；Cooper & Withey，2009），情境依其强度（strength）可以分为强情境（strong situations）和弱情境（weak situations）两类。强情境是指在该情境下，对个体行为表现的要求或期望较为具体、明确、统一，它促使个体对情境作出相对一致的反应。弱情境则是指在该情境下，对个体行为的要求或期望并不明确，个体对情境的认知与反应存在差异。强情境会将个体的一些重要的个人特征模糊化，因而在行为表现上差异较小。

依据特征激活理论，本书在静态视角下的个体间层面研究中引入工作特征中的工作复杂性作为情境变量；在动态视角下的个体内层面研究中引入个体特征的创造力自我效能感和工作复杂性作为情境变量。

（五）多层次理论

以往在组织研究领域，多数学者的研究分别沿着两条思路展开：其一，基于心理学视角，探究个体特征、主观感知及行为倾向等方面的问题；其二，从社会学的视角出发，以企业、团队等群体单位作为研究对象，考察群体输入、运作过程及产出结果的相关问题。微观个体的认知和行为嵌入团队或更高层次的群体互动过程中，并受到嵌入环境的影响。将微观与环境因素同时进行分析是非常重要的，这样能够更好地对组织、个人结果作出诠释（Shen & Jie, 2015）。

多层次理论表明了组织内各层次能够进行层次的叠加。因此，当研究涉及比个体一般层面更高的层次时，可以进一步研究这一层面上的环境因素或个体差异因素对个体内部层面的影响（Sonnentag & Geurts, 2009; Bakker et al., 2014; Bakker & Bal, 2010）。本书理论模型的研究层面包括个体间层面（between-person level）和个体内层面（within-person level）。个体间层面是指个体一般层面，即在同一个时间截面上不同的个体；个体内层面是指个体内部，即同一个个体在不同的时间截面（单位）的即时动态。因此，该理论为本书深化恢复体验在个体间层面和个体内层面上的作用机制研究提供了理论支持。

本书应用到的五种理论关注研究变量之间的联系和不同侧面,它们之间并非互相排斥,而是相互补充和相关印证的关系,共同支撑本书的主题框架(见图2-1)。各理论基础之间的相互关系包括:(1)工作恢复理论奠定了恢复体验在中国情景下的构念有效性验证的基础;(2)工作恢复理论、自我效能理论、创造力成分理论以及特征激活理论引出了恢复体验对员工创造力的作用机制研究,即"特质性恢复体验→创造力自我效能感→员工创造力"以及工作复杂性的调节作用;(3)自我效能理论与特征激活理论则引出了创造力自我效能感与工作复杂性调节,即"状态性恢复体验→每周员工创造力";(4)工作恢复理论、创造力成分理论与多层次理论整合了个体间差异变量对个体内层面关系的作用。

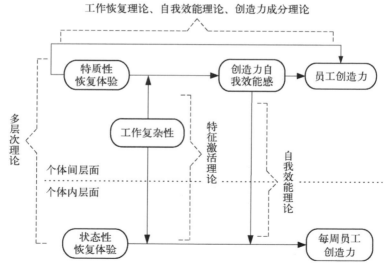

图2-1　本书应用到的理论基础之间的关系

第二节 创造力自我效能感

一、创造力自我效能感的概念

在认知心理学和人本主义心理学的影响下,班杜拉通过对三元交互决定论的理智把握,在1977年提出自我效能感的概念。自我效能感是指"人们对自身能否利用已有技能去完成某项工作行为的自信程度"(Bandura,2003)。自我效能感这一概念一直与特定领域、特定任务甚至特定问题相联系。班杜拉(Bandura,2003)认为,自我效能感随着具体任务和情境的变化而变化。针对特定领域、特定任务、特定问题的自我效能感,可以强有力地预测个体行为或绩效。已有研究表明,组织中员工的创新行为能够由自我效能感得到更好的解释。例如,班杜拉(Bandura,2003)认为,高水平的自我效能感是新知识获取的必要条件。福特(Ford,1996)在创造力行为理论中提出,自我效能信念是激发员工创新行为的主要动机因素。不难发现,上述研究提出了自我效能感与创新行为之间具有潜在联系的命题,但是几乎没有研究把自我效能感放在创造力的特定情景中,探究这一领域中的具体自我效能感及其作用。

基于自我效能理论和创造力理论,蒂尔尼和法默(Tieney & Farmer,2002)首次明确提出创造力自我效能感的概念,用来描述员工认为自己能产生创造性绩效(创造性成果)的信念。芒福德和古斯塔夫森(Mumford & Gustafson,1988)认为,创新者所投入的创新努力需要得到与具体行为相关的自我概念的影响,自我概念越强烈,个体也会投入更多的创新努力。蒂尔尼和法默(Tieney

& Farmer,2002)则认为,创造力自我效能感是认同投射在创新者的整体自我形象中的创造性角色。近几年,国内学者也对创造力自我效能感倾注了大量的研究精力(周浩和龙立荣,2011;杨付和张丽华,2012;张勇和龙立荣,2013;徐振亭和罗瑾琏,2016),他们几乎一致认同蒂尔尼和法默(Tieney & Farmer,2002)界定的创造力自我效能感的内涵。效能感是对特定领域中的能力的判断(Bandura,2003)。因此,创造力自我效能感与个体一般效能感不同,它能够更好地解释和预测,进而采用新的方法完成工作,即创造性行为。因此,本书认为已有研究在创造力自我效能感的内涵上几乎达成了较为一致的观点,并基于此展开了不同研究议题的理论研究和实践活动。

二、创造力自我效能感的作用机制研究

自我效能感是构成个体创造力的动机过程的必要组成部分(Bandura,1977;Ford,1996)。正如班杜拉的研究所示,有效的个体行为不仅是只知道去做或被激励去做什么事情,而是个体需要具有效能信念,这种效能信念可以激活控制知识和能力转化成有效行为的那些认知、动机和情感过程。只有当个体相信自己有能力产生创造力,他们才会参与产生创造性绩效的工作活动(Bandura,1977;Ford,1996)。自从蒂尔尼和法默(Tierney & Farmer,2004)基于自我效能感理论提出创造力自我效能感概念之后,其与创造力的关系研究一直是创新研究领域的新热点。早期,蒂尔尼和法默(Tierney & Farmer,2002)在提出创造力自我效能感的内涵之际,也以蓝领和白领两类为被试对象开展了实证研究,提出了创造力自我效能感通过动机机制和认知机制两条路径影响员工的创造力。研究指出,与一般工作自我效能感相比,创

造力自我效能感对创造力具有更强的积极预测力。蒂尔尼和法默（Tierney & Farmer，2004）的研究进一步支持了创造力自我效能感对由上级评价的员工创造力具有正向的作用。这一研究结果也得到了宫、黄和法尔（Gong，Huang & Farh，2009）以台湾保险行业员工为被试的研究工作的支持。在中国文化情境中，陈晓（2006）的研究结论同样支持了上述观点。顾远东和彭纪生（2010）则再次验证了员工的创造力自我效能感对创新行为的积极作用。丁栋虹和张翔（2016）基于自我效能理论，研究创造性自我效能对个体创造力的影响，并进一步验证了内在动机、隐性知识共享在二者关系中的中介作用。

创造力自我效能感作为一个重要的个体差异变量（Tierney，2011；Michael，Hou & Fan，2011），近年来受到创造力研究者的重视。由社会认知理论可知，自我效能感是一种重要的行为决定因素。个体通过认知、情感和行为途径对环境产生反应。值得强调的是，在相同的情境下，不同个体在心理和行为方面可能存在一定的差异（杨付和张丽华，2012；Bandura，1997）。已有理论和实证研究也重点关注作为个体差异变量的一般自我效能感的这种调节作用（Xanthopoulou et al.，2007；Xie，Schaubroeck & Lam，2008；Hobfoll，2001；Siu et al.，2005；Siu，Lu & Spector，2007）。在理论上，根据桑索普卢等（Xanthopoulou et al.，2007）的研究，个体资源在工作要求-资源模型中的作用机理是值得深入讨论的议题，比如，探讨个体资源中的自我效能感的作用。同样地，谢、绍布鲁克和林（Xie，Schaubroeck & Lam，2008）建议，应该深入讨论不同特征的个体与工作特征模型是如何匹配的，以及个体特征（例如自我效能）在其中发挥怎样的调节作用。资源保存理论更是强调了个体特征作为一种内在的认知资源，具有普遍意义（Hobfoll，2001）。在实证研究中，我国学者将自我效能感的调节作用拓展到创造力领域,即解释了创造力自我效能感在个体差异层面上的调节作用。例如,周浩和龙立荣(2011)以286份配对数据为被试,分析工作不安全感、创造力自我效能对员工创造力的作用机制。研究表明,工作不安全感与创造力自我效能的交互效应显著,即在高水平的创造力自我效能感的情况下,工作不安全感对员工创造力的影响较小,而其交互效应通过内在动机的完全中介效应间接作用于员工创造力。杨付和张丽华(2012)采用HLM统计方法以我国334名团队成员为研究对象,探讨了团队沟通、工作不安全氛围对团队成员创新行为的影响,以及创造力自我效能感对此关系的调节作用。研究表明,创造力自我效能感在团队沟通、工作不安全氛围与团队成员创新行为之间的倒U型关系中发挥着调节作用,即员工的创造力自我效能感越高,这种倒U型关系越弱。

三、小结

首先,本节对创造力自我效能感的相关概念进行了简要的概述。不难发现,自我效能感概念在现有研究中是较为成熟的,研究者对创造力自我效能感的界定基本达成一致。员工创造力自我效能感是一般自我效能感在创造力领域的具体化。创造力自我效能感内涵的核心是个体相信自己在工作上能够实现创造性行为与获取创造性成果的信念,包括有信念地创造性完成任务、解决问题或实现任务目标等。本书采用蒂尔尼和法默(Tierney & Farmer, 2002)对创造力自我效能感的界定,认为创造力自我效能感是个体对自己有能力在工作领域内产生创造性结果的信念。其次,本节阐述了创造力自我效能感的测量。现有关于员工创造力自我效能感的测量已经从一般概念的测量阶段发展到检验不同文化群体中员工创造力自我效能感的差异,尤其是国内学者已经修订了信度和效度良好的创造力自我效能感的问卷。由此，本书借鉴蒂尔尼和法默(Tierney & Farmer，2002)的测量与国内众多学者修订的题项，由员工自己衡量创造力自我效能感的水平。

此外，本节还归纳了创造力自我效能感作用机制的现有研究贡献，主要梳理了创造力自我效能感与绩效的关系，特别是与创造力之间的关系以及其权变作用。从中不难发现，加强对中国情境下员工创造力的信念研究具有重要意义。国内学者逐渐聚焦激发员工创造力的心理机制，例如，分析内在动机、心理资源、心理卷入等方面是如何影响创造力的。未来的研究应该关注员工创造力效能感在中国情境下的作用机制，探讨哪些个人因素会影响这种信念以及效能感对结果变量的影响效果。因此，本书在静态视角下个体间层面理论模型中提出并验证创造力自我效能感的中介作用。另外，虽然现有文献在一般效能感的调节作用的研究基础上，也将焦点拓展到创造力自我效能感在静态视角下个体间层面上的调节作用(Xanthopoulou et al.，2007；Xie，Schaubroeck & Lam，2008；周浩和龙立荣，2011)，但是创造力自我效能感作为一个代表认知因素的重要的个体差异变量的作用，却未曾在个体内层面上得到任何体现，这确实成为现有文献中的空白。为此，本书在动态视角下个体内层面理论模型中提出并验证创造力自我效能感的调节作用。

第三节　工作复杂性

一、工作复杂性的内涵和维度

工作特征是指与工作相关的因素或属性往往会影响工作者的

身心健康。早期最为经典的工作特征模型是由哈克曼和奥德曼（Hackman & Oldman，1975）提出的，他们认为工作特征指一项工作或任务固有的属性，泛指一切与工作相关的因素。工作特征模型是在工作特征和个体特征交互作用下探索个体对工作的反应。

在工作特征模型中，工作特征包括技能多样性、工作完整性、工作自主性、工作重要性和工作反馈性，在不同的个体特征影响下，这些工作特征会影响工作中个体的态度与行为（Hackman & Oldman，1975）。卡拉塞克（Karasek，1979）以情境为中心，提出了工作要求-控制模型，将工作特征区分为相对具体的工作要求、工作控制和社会支持。德梅罗提等（Demerouti et al.，2001）提出了工作要求-资源模型，将工作特征划分为更为概括的工作要求和工作资源两个维度。迪安和斯内尔（Dean & Snell，1991）将工作特征划分为工作复杂性、工作多样性和工作关系三个维度。其中，工作复杂性是指一项工作所需要的心理素质以及完成工作必备的专业技能与解决问题的能力。

延续经典工作特征研究的理论脉络，国内外学者在后续研究中更为清晰地刻画了工作复杂性在工作特征不同方面的含义，他们较为一致地认同工作复杂性是属于工作特征范畴并且是最合适的情境强度变量，关于工作复杂性的主要定义如表2-2所示。其中，邓玉林等（2006）从系统性、授权度、自由度三个维度出发评价工作复杂性。换言之，系统性、授权度和自由度的提高会增加工作复杂性和工作结果的不确定性。从知识和技能的角度，李光丽和段兴民（2011）认为工作复杂性是指员工感知到的工作对知识（显性知识和隐性知识）的需要程度。他们提出，在本质上，工作复杂性反映了工作"质"的负荷，具体是指技能和知识的变化性。也有一些学者认为工作复杂性是指工作特征的一个维度，涉及细分工作模块的数量、不确定性以及成功完成该项工作所需协调配合的步骤(赵西萍和杨晓萍,2011;陈晨、时勘和陆佳芳,2015;赵新宇、尚玉钒和李瑜佳,2016)。武宏林和赵欣(2013)认为,工作要求可以分为工作量要求与工作复杂性,而工作复杂性成为研发人员的重要压力源。席猛等(2015)从资源保存理论出发,采用主管下属配对样本考察辱虐管理、工作复杂性与组织文化的三维交互作用,他们认为工作复杂性是工作特征模型的一个重要方面,其复杂性体现在工作中涉及的心理处理过程,如问题解决、自由裁量以及技术技能使用,这主要体现了工作特征模型所强调的员工与工作岗位之间的心理上的相互作用。

表 2-2 国内外学者对工作复杂性概念的界定

代表文献	定义
Hackman & Oldham, 1975	工作特征模型包括5种关键的工作特征,即技能多样性、工作完整性、工作重要性、工作自主性和工作回馈性
Payne, 1976	工作任务包含的行为维度的数量
Pierce & Dunham, 1976	复杂任务的心理感受
Wood, 1986	工作任务所需要的知识和技能的多样性
Dean & Snell, 1991	一项工作的心理素质要求以及完成工作必备的问题解决能力和专业技能
邓玉林、达庆利和王文平,2006	知识员工工作设计的系统性、授权度以及自由度
李光丽和段兴,2011	员工感知到完成工作所需要的显性与隐性知识

续 表

代表文献	定　　义
赵西萍和杨晓萍，2011；陈晨、时勘和陆佳芳，2015；赵新宇、尚玉钒和李瑜佳，2016	工作特征的一个重要维度，涉及细分工作模块的数量、不确定性以及成功完成该项工作所需协调配合的步骤
武宏林和赵欣，2013	工作要求的一个维度，包括技术要求和创新性
鲁家风，2013	工作特征的某一部分属性，这一属性包含广义上的知识和工作流程中的程序化与重复性等
尚玉钒和李磊，2015	工作特征因素，具有高自由度、技能多元化、高认同、意义性、反馈性、结果多元化以及潜在路径多元化等特点
席猛等，2015	工作特征模型中的一个重要方面，强调员工与工作岗位之间的心理上的相互作用，并且强调工作资源为员工提供的内在激励

资料来源：笔者整理。

由此可见，现有文献更多地从工作特征的角度解读工作复杂性的内涵。这一内涵归根到底都与相关的工作特征理论相关，不同学者对工作复杂性的界定只是体现了不同的研究背景以及不同的关键工作特性。本书认为，这些定义和理解可以归纳为两类：（1）工作复杂性体现工作特征中的工作要求，包括工作任务所需要的任务模块数量、个体身心资源、压力应对、解决问题的专业技能或知识等；（2）工作复杂性体现工作特征中的工作资源，包括社会支持或合作资源、工作自主性、工作完整性、工作认同或意义性、工作反馈性等。

二、工作复杂性的作用机制研究

已有关于工作复杂性的作用机制的研究主要考察工作复杂性在组织背景下发挥的权变作用。

从现有主流文献的研究来看,工作复杂性在其逻辑推证网中主要扮演着权变的角色。国内外学者更多的是基于工作层面的工作特征变量这一视角,考察工作复杂性的情境权变作用。本书主要梳理了工作复杂性对两类关系的调节作用,即工作复杂性对个体因素与行为之间关系的调节作用,以及工作复杂性对组织因素与行为之间关系的调节作用。另外,在涉及态度类结果变量的相关关系中,本书也对工作复杂性的调节作用做了一些补充。

首先,工作复杂性对个体因素与行为之间关系的调节作用。在国外的研究中,奥德姆和斯特皮纳(Oldham & Stepina,1991)的研究认为,工作复杂性分别负向调节员工的工作环境空间特征与工作绩效之间的关系。达和费尔德曼(Ng & Feldman,2009)通过元分析发现,工作复杂性在员工教育水平与工作绩效之间发挥积极的调节作用。扎赫和弗雷塞(Zacher & Frese,2011)通过对133名企业员工的样本分析发现,工作复杂性对员工工作机遇具有正向影响。此外,相比于低年龄者,高年龄者在高复杂性的工作中采用选择—最优—补偿的策略能够更好维持其工作机遇。瓦登(Wadden,2011)在营销创造力领域提出了管理水平创造力与其前置因素的理论模型。研究表明,作为工作因素之一的工作复杂性在创造力与个性特征的关系中发挥调节作用。沙利和布卢姆(Shalley & Blum,2009)基于交互论的观点,探究在不同工作的复杂性程度存在差异的情况下,成长需求强度与支持性工作对自我报告的创造性绩效。研究发现,工作复杂性对成长需求强度与创造性绩效的关系具有正向的调节作用。李等（Li et al.，2015）通过对5家中国企业的240名员工与主管的配对样本,验证了工作复杂性对感知领导调节焦点模型（促进型调节和防御型调节）与员工创造力之间的关系。

国内学者赵西萍和杨晓萍（2009）在心理资本主效应研究的基础上,首次探究了工作复杂性对心理资本和工作绩效之间的关系。结果表明,工作复杂性对心理资本和工作绩效有调节作用,即当工作的复杂性提高时,心理资本增加工作绩效的效果较弱。李光丽和段兴民（2011）指出,我国企业的研发人员在创造力不高的同时,工作复杂性压力和时间压力也越来越大。这些压力究竟会对研发人员的创造力产生什么样的影响,特别是在中国的文化背景下,在已有研究成果中没有明确的定论。

其次,工作复杂性对组织因素与行为之间关系的调节作用。陈和梁（Chen & Liang，2015）通过对223名中国企业员工与86名直接主管的配对样本,探讨变革型领导对员工创造力的两阶段间接效应机制。研究表明,变革型领导通过创造力自我效能感和知识搜索对创造力具有正向的间接效应;通过心理依赖和知识搜索对创造力具有负向的间接效应;此外,员工在感知到高水平工作复杂性的情况下,变革型领导对创造力的负向间接效应会更强。孙、袁和程（Sun，Yuan & Cheng，2016）基于自我决定理论,通过对中国89个团队中的529名员工的多次数据采集,分析特殊协议（idiosyncratic deals）对员工创造力的作用机制。研究表明,在特殊协议灵活性高且工作复杂性低的情况下,特殊协议通过个人控制对员工创造力的间接积极效应更强。

国内学者尚玉钒和李磊（2015）通过分析中国5家企业340位员工及其直接领导样本,验证了工作复杂性调节了领导行为示范与员工创造力间的关系。陈晨、时勘和陆佳芳(2015)以认知机制和内在动机理论为基础,通过中国科学院所属学部内科研团队中79名领导者和237名科研人员的配对数据,探究了在科研团队中变革型领导对下属成员创新行为的影响及其内在作用机制。研究结果表明,下属所从事工作的复杂性对变革型领导—心理授权—下属创新行为这一中介有正向调节作用,即当工作复杂性较高时,变革型领导通过心理授权影响下属创新行为的正向中介作用显著,而工作复杂性较低时该中介作用不显著。席猛等(2015)从资源保存理论出发,采用来自江苏88家企业的88名主管副总经理与575名下属员工的配对数据,探究辱虐管理与员工沉默行为之间的关系的边界影响因素。研究发现,上级主管的辱虐管理对下属沉默行为具有显著正向预测作用,并且这种正向预测作用受到三个层面边界条件的影响,即下属的独立型自我意识越强、工作复杂性越高,以及在高关注员工发展的组织文化中,辱虐管理与下属沉默行为之间的关系越强。赵新宇、尚玉钒和李瑜佳(2016)以认知评价理论为基础,对某"985"高校各科研团队中228位科研人员及其直接领导进行调研,探讨在高校科研团队中领导语言框架对科研人员创造力的影响及其内在机制。研究结果表明,工作复杂性分别正向调节了领导语言框架与科研人员认知评价间的关系,以及挑战性评价对领导积极语言框架与科研人员创造力间关系的中介作用。

最后,工作复杂性对涉及态度类结果变量的关系的调节作用。奥尔德姆和斯特皮纳(Oldham & Stepina,1991)的研究认为,工作复杂性分别负向调节员工的工作环境空间特征与工作满意度之间的关系。贝尔、奥尔德姆和卡明斯(Baer, Oldham & Cummings, 2003)探究了工作复杂性和认知风格对外在奖励与员工创造力之间关系的作用。研究结果表明,针对从事相对简单工作的具有适应性认知的员工,外在奖励对员工创造力具有正向作用;针对从事复杂性工作的具有创新认知风格的员工,外在奖励对员工创造力的正向作用变弱了;在其他工作复杂性与认知风格的匹配情况下,外在奖励对员工创造力具有负向作用。乔和林(Joo & Lim, 2009)在探讨个性特征与情境特征的效应对员工内在动机和组织承诺的作用的研究中,表明了具有主动性格的员工在感知到高工作复杂性的情况下具有更强的内在动机,而工作复杂性感知在组织学习文化与组织承诺之间的相关关系中发挥了部分中介作用,也在主动性格与内在动机之间的相关关系中发挥了部分中介作用。国内学者赵西萍和杨晓萍(2009)探究了工作复杂性对心理资本和员工满意度的影响效应。研究结果表明,工作复杂性对心理资本和员工满意度有调节作用,即当工作的复杂性高时,心理资本增加员工满意度的效果较弱。

三、小结

本节对工作复杂性的相关概念进行了简要的概述,从中可以发现,工作复杂性的定义虽然比较多,但从本质上看,工作复杂性的核心是工作特征的某一方面,体现了工作本身的工作要求和工作资源情况。本书采用哈克曼和奥尔德姆(Hackman & Oldham, 1975)对工作复杂性的界定,认为工作复杂性是一种工作特征,指工作具体内容的复杂程度,涵盖了工作特征中的工作数量、质量、任务困难程度等工作要求。

工作复杂性在其逻辑推证网中主要扮演着权变作用的角色,即国内外学者更多的是基于工作层面的工作特征变量这一视角,考察工作复杂性在员工工作行为、绩效等方面所起到的情境权变作用。工作复杂性代表的组织情境强度往往限定了研究模型的作用边界,尤其是在组织中个体创造力的理论模型中。因此,本书提出和验证工作复杂性分别在静态视角下个体间层面理论模型与动态视角下个体内层面理论模型中发挥的不同调节效应。

第三章

恢复体验对创造力的作用的理论框架与总体设计

第一节 基本概念

一、恢复体验的界定

基于恢复的过程观和状态观,以及索南塔格和弗里茨(Sonnentag & Fritz, 2007)提出的经典定义,本书认为恢复体验是指员工为应对工作环境要求而从资源损失中恢复的心理过程或心理状态。恢复体验包括心理脱离、放松体验、控制体验和掌握体验四个具体体验。心理脱离是指员工感知到自己与工作情况的脱离程度,包括个体身体上要离开工作场所或工作事件,而且从心理上隔断与工作相关的思绪;放松体验是指应激水平低、积极情感丰富的心理感知,比如阅读和运动;控制体验是员工在非工作情境下自由决定所要从事的事件以及何时和如何去做这些事件,即在非工作时间具备选择所参与活动的自主性;掌握体验是指非工作时间员工体验到具有挑战性的经验和学习新技能的机会。

本书进一步解读恢复体验的内涵，认为恢复体验可以是心理过程，也可以是心理状态，这一概念反映了恢复体验具备了构念的两个特征，即特质性（trait）和状态性（state）。特质性恢复体验与状态性恢复体验共同组成了完整的恢复体验的概念。从本质上说，特质性恢复体验与状态性恢复体验的差异主要表现在研究层面和时间轴（time frame）上。就研究层面而言，特质性恢复体验采用个体间层面（at the between-person level），而状态性恢复体验关注个体内部的变化（at the within-person level）。已有研究证明，恢复体验的变异是存在于个体间和个体内两个层次的（Bakker et al., 2014；Binnewies & Sonnentag, 2013）。就时间轴而言，特质性恢复体验强调长期的稳定性，而状态性恢复体验关注短期（以工作周或工作日为时间单位）的动态变化。基于此，状态性与特质性恢复体验尽管存在研究视角和时间轴的差异，却统一于完整的恢复体验概念。

二、员工创造力的界定

综合相关学者对创造力的分析，特别是阿马比尔等（Amabile et al., 1996）、周和沙利（Zhou & Shalley, 2003）的研究结果，本书认为，员工创造力是指员工对组织的产品、服务或管理流程提出新颖且有用的想法。员工的个人特质和工作情境都是影响员工创造力的因素（Ford, 1996；Amabile, 1996）。

三、创造力自我效能感

创造力自我效能感是指个体对自己有能力在工作领域内产生创造性结果的信念（Tierney & Farmer, 2002）。创造力自我效能感是在特定的创造力领域内，员工对自己参与创造性活动及行为结果的能力的判断。个体依据对自身和环境资源以及一些约束条件的评估结果,判断其创造力自我效能感的水平。因此,创造力自我效能感的水平受到个体资源和环境资源具体情况的影响(Tierney & Farmer,2002),是影响创造力的重要个体因素(Tierney & Farmer,2004)。

四、工作复杂性

工作复杂性是一种工作特征,指工作具体内容的复杂性(Hackman & Oldham,1975)。工作复杂性体现了工作要求中的工作数量、质量、任务困难程度等方面,复杂性程度较高的工作需要员工对工作持续性地投入更多更全面的个人资源,如心理、技能、生理等方面的资源。

第二节 理 论 框 架

一、理论框架设计

本书以中国企业员工为研究对象,从个体内层面和个体间两个层面出发,通过对已有研究的分析和归纳,构建恢复体验对员工创造力的作用机制模型。通过多次样本数据收集,并对其进行相应的统计分析,如因子分析、层次回归分析和多层次线性分析等,对理论假设进行实证检验,并对其结果进行总结和讨论,进而揭示基于恢复体验视角提升员工创造力的作用机制,以及为管理者在日常管理实践中关注提升员工创造力的不同措施提供理论依据。本书构思设计如表3-1所示。

表 3-1　本书构思设计

研究问题	研究内容	研究方法	研究章节
问题1：中国情境下的恢复体验问卷存在有效性吗？	恢复体验4个结构因素和恢复体验逻辑关联网络构建	文献分析、因素分析、逻辑关联网络的相关性分析	第一、二、四章
问题2：恢复体验不同结构因素与员工创造力的关系如何？影响过程是怎样的？存在的情境条件如何？	个体间层面上的变量之间相关关系分析	文献分析、验证性因子分析、信度和效度分析、层次回归分析	第一、二、五章
问题3：周末恢复体验不同结构因素与每周员工创造力的因果关系如何？存在的情境条件如何？	个体内层面上的变量之间相关关系分析，个体间层面变量的跨层次作用	文献分析、信度和效度分析、验证性因子分析、变量变异分析、多层次线性分析	第一、二、六章

二、理论框架构建

概括而言，本书拟解决的主要问题包括：其一，中国情境下的恢复体验问卷存在有效性吗？其二，恢复体验不同结构因素与员工创造力的关系如何？影响过程是怎样的？存在的情境条件如何？其三，周末恢复体验不同结构因素与每周员工创造力的因果关系如何？存在的情境条件如何？针对以上问题，本书拟定的研究整体概念模型如图 3-1 所示。理论框架主要分为两个子模块。

（一）恢复体验对员工创造力的影响机制：个体间层面研究

本书分为两个实证研究：研究一是在中国情境下企业员工恢

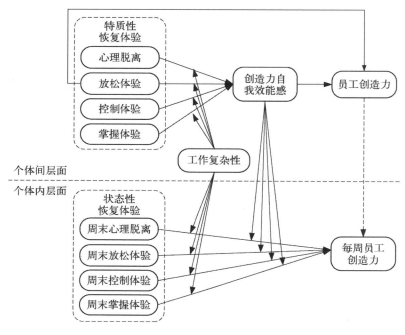

图 3-1　本书研究模型

复体验问卷有效性的大样本验证。恢复体验问卷已经得到了工作恢复和职业健康领域内学者们的广泛认可,但是该问卷主要应用在西方国家。在亚洲人群中虽然有在日本和韩国作为恢复体验的被试,但是在中国尚属研究空白。本书试图采用不同职业的中国企业员工的大样本,通过恢复体验逻辑关联网络验证中国版本的恢复体验问卷的有效性。研究二是在静态视角下的个体间层面,探究恢复体验对员工创造力的作用机制。其中,主要研究问题包括:(1)恢复体验与员工创造力的关系;(2)创造力自我效能感在恢复体验与员工创造力的关系中起到的中介作用;(3)工作复杂性在恢复体验总效应过程中的调节作用。

(二)周末恢复体验与每周员工创造力的影响关系:个体内层面研究

已有研究指出,恢复体验状态性构念层面很难从个体间水平上得到体现,也无法较好地解释其短期波动效应。与此同时,创造力领域的研究者们也强调从动态视角在个体内部探究员工创造力的影响机制具有重要的理论和实践意义(Bledow et al., 2013; Amabile et al., 2003)。本书采用多层次研究方法,探究如何更好地解释现象——状态性恢复体验的差异如何影响跨越以周为单位的员工创造力水平。其中,主要研究问题包括:(1)周末恢复体验与每周员工创造力的关系;(2)具有个体差异特征的创造力自我效能感的跨层次调节作用;(3)工作情境变量的工作复杂性的跨层次调节作用。

实证篇

第四章

中国情境下企业员工恢复体验问卷有效性的大样本验证

第一节 实 证 框 架

系统的实证检验概念模型的首要步骤是在清楚地界定恢复体验概念的基础上,检验恢复体验的构念维度及其在中国情境下测量的有效性。本书采用的恢复体验问卷是用于评估个体在休闲时间如何从工作中实现心理恢复,例如,采用心理脱离、放松体验、掌握体验和控制体验。索南塔格和弗里茨(Sonnentag & Fritz)在2007年提出的恢复体验问卷已经得到了工作恢复和职业健康领域内学者们的广泛认可,该问卷主要应用在西方国家,版本多以英语、德语、西班牙语、芬兰语和日语为主要表达语言并达到良好的效度。正如恢复体验在提高发达国家员工幸福感上发挥的作用一样,在中国背景下,个体恢复体验将会是贯彻落实国家提倡创造积极的心理健康政策的一条重要途径。经济合作与发展组织2014年的社会指标报告表明,相比于发达国家,中国劳动者正在经受着高强度的工作量和工作时间,而他们在闲暇时间获得积极的心理恢复对自我幸福感和行为有着重要影响作用。

本书采用不同职业的中国企业员工的大样本，验证中国版本的恢复体验问卷的有效性。首先采用克朗巴哈系数和组合信度系数检验恢复体验量表的内部一致性以期验证量表的信度，以及探索性因素分析和验证性因子分析用于评估恢复体验量表的区分效度。此外，很多研究者（Organ，Podsakoff & MacKenzie，2006；Law，Wong & Song，2004）在不同文化背景中使用现有量表时，都是通过构建变量间逻辑关联网络的方式，用已经得到证明的效度概念和测验去检验新测验的效度，而且陈晓萍、徐淑英和樊景立（2008）认为在构念说明阶段就应该构建所测量构念的已被验证的前因变量和后果变量。因此，本书将构建并验证恢复体验的逻辑关联网络或诺谟网络（nomological net），进一步检验恢复体验量表的构念效度。在恢复体验逻辑关联网络的构建中，本书采用工作要求和工作资源解释恢复体验，且用心理变量和绩效相关变量来观察恢复体验的结果，其研究理论模型见图4-1。

一、恢复体验的因素构成

通过上文对恢复体验测量的综述可知，最为经典也被学术界广泛认可和采用的是索南塔格和弗里茨（Sonnentag & Fritz，2007）开发的恢复体验问卷。他们认为恢复体验包含四个维度，即心理脱离、放松体验、掌握体验和控制体验。

心理脱离是指"个体对工作情况的脱离感"（Etzion，Eden & Lapidot，1998）。可以从两个方面解读定义中的"脱离感"，其一是指个体在离开工作场所后，停止进行具体的工作事件，例如，接听工作电话或者在家里查阅邮件，因为这些行为继续让个体陷入工作任务，阻碍了脱离过程；其二是指个体停止思考有关工作的问题

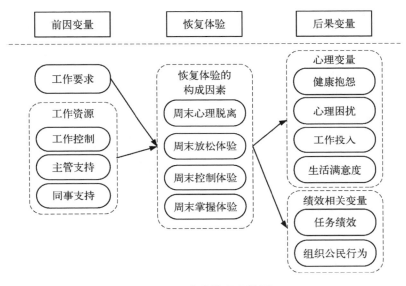

图 4-1 本书的研究模型

或机会。概括而言,脱离不仅指个体身体上要离开工作场所或工作事件,而且指个体从心理上隔断与工作相关的思绪(Sonnentag & Bayer,2005)。考虑到日常情况,脱离就是指在非工作时间达到心理"关机"模式。

放松体验是指个体有潜力去减少生理激活(activation)(降低交感神经的兴奋)并增加积极情感的心理状态(Sonnentag & Fritz,2007)。这种状态可以是目的性选择策略产生的结果,如冥想或者渐进式肌肉放松;也可以是几乎没有目的性选择的结果,如慢走。

掌握体验是指个体能够获得与工作无关的学习新事物技能和挑战应对经验,例如,学习一门语言课或一门爱好(Fritz & Sonnentag,2006)。虽然这些体验可能会对个体提出额外要求而且似乎会阻碍员工恢复,但是掌握体验的效应有助于员工获得新的内在资源,例如,增加个体的自我效能感、技能等。更重要的是,从个体精力方面来看,掌握体验会提高积极心境(positive mood),进而促进员工幸福感(Tortterdell & Parkinson, 1999)。

控制体验是指员工在非工作情境下自由决定所要从事的事件,以及何时和如何去做这些事件(Sonnentag & Fritz, 2007)。个体体验到的控制策略可以满足个体对非工作情境中个体自主性的基本需要(Deci & Ryan, 2000),并提高个体的自我效能感和胜任感。进一步地,控制体验也有助于员工积极地重新评价潜在的压力情境,并且会减弱个体负面情绪和提高心理幸福感(Bakker et al., 2013)。

由此,本书提出如下假设:**中国情境下恢复体验由四个维度构成,即心理脱离、放松体验、掌握体验和控制体验。**

二、恢复体验的影响因素

除了非工作时间个体所参与的活动之外,现有研究认为,影响恢复体验的工作特征因素主要包括阻碍员工恢复体验的工作要求和促进员工恢复体验的工作资源(Demerouti et al., 2009)。研究证明,工作要求与心理脱离(Cropley & Purvis, 2003; Grebner, Semmer & Elfering, 2005; Siltaloppi, Kinnunen & Feldt, 2009)、放松体验(Sonnentag & Fritz, 2007; Siltaloppi, Kinnunen & Feldt, 2009)、掌握体验(van Hooff et al., 2007)和控制体验(Sonnentag & Fritz, 2007; Siltaloppi, Kinnunen & Feldt, 2009)之间具有负向相关关系。首先,当员工面临高工作要求时,他们更可能持续性地思考这些工作内容,以便能够找到因工作要求而产生的问题的解决方案(Sonnentag & Fritz, 2007; Shimazu et al.,

2012);其次,由工作要求引发的个体高水平激活状态使得员工很难在非工作时间内回到放松状态(Sonnentag & Fritz,2007;Shimazu et al.,2012),这种激活状态往往会持续下去;再次,工作要求导致的疲劳进一步损害员工的自我调节过程(self-regulation process)(Muraven & Baumeister,2000);最后,高工作要求会占用员工较多的个人时间,减少员工对休闲活动时间的控制(Sonnentag & Fritz,2007;Shimazu et al.,2012)。据此,本书提出如下假设:**工作要求与恢复体验之间是负向相关的,即工作要求与心理脱离、放松体验、控制体验和掌握体检之间是负向相关。**
本书认为,工作资源对恢复体验具有积极影响,主要有以下两点:一方面,由资源保存理论(Hobfoll & Shirom,2001a)可知,资源易于积累并产生其他资源。那么,具有高工作资源的员工可以利用更多心理资源(如精力)在非工作时间中学习和决策,促使这些员工可以花费更多的休闲时间去获得掌握体验或者感知他们对休闲时间具有更强的控制(Sonnentag & Fritz,2007);另一方面,工作资源之所以可以促进心理脱离和放松体验,是因为高工作资源(如社交支持)可以降低一个人下班后以负面情绪对待工作的风险。实证研究也证实,工作资源与恢复体验是正向相关(Shimazu et al.,2012;Kinnunen & Feldt,2013;Sonnentag & Fritz,2007;Ohly & Sonnentag,2006;Siltaloppi,Kinnnune & Feldt,2009)。据此,本书提出如下假设:**工作资源与恢复体验之间是正向相关,即工作资源与心理脱离、放松体验、控制体验和掌握体检之间是正向相关。**

三、恢复体验的后果变量

本书理论篇较为详细地分析了恢复体验的影响因素和后果变

量,不难发现,恢复体验的逻辑关联网络中的变量复杂且研究结论不一致。为了验证中国恢复体验的构念效度需要构建逻辑关联网络,本书对恢复体验后果变量的选择依据以下两个原则:其一,恢复体验的结果变量中必须涵盖所有结果变量的类别(状态类、态度类和行为类变量;见表1-6);其二,恢复体验与其结果变量的研究结论相对而言比较成熟,即恢复体验与其结果变量的相关关系得到广泛验证。由此,本书选择心理变量和绩效相关结果作为逻辑关联网络中的结果变量。其中,心理变量包括健康抱怨、心理困扰、工作投入、生活满意度;绩效相关结果包括任务绩效和组织公民行为。

不利的工作环境通常都会导致员工健康受到损害(Leitner & Resch,2005;Sonnentag & Fritz,2007)。恢复体验有利于个体的身心健康,充分的恢复体验会减少健康抱怨、抑郁症状、情绪倦怠以及睡眠问题(Sonnentag & Fritz,2007;Siltaloppi,Kinnunen & Feldt,2009;Siltaloppi et al.,2011;Fritz et al.,2010;Shimazu et al.,2012;Kinnunen & Feldt,2013;Shimazu et al.,2016)。本书认为,恢复体验会帮助个体减少健康抱怨和心理困扰。工作环境会引起员工的压力反应并逐渐累积,尤其是在损害不可逆的情况下,会对个体身体健康构成威胁,进而导致健康抱怨和心理困扰(Sonnentag & Fritz,2007;Shimazu et al.,2012)。恢复体验具备缓解工作压力造成的不良结果的恢复效力(Fritz et al.,2010)。据此,本书提出如下假设:**恢复体验与健康抱怨和心理困扰之间是负向相关,即心理脱离、放松体验、控制体验和掌握体检分别与健康抱怨和心理困扰之间是负向相关**。工作投入是指一种以活力(vigor)、奉献(dedication)和专注(absorption)为特征的、积极完满的、心理感知到的工作状态(Schaufeli et al.,2002)。大多数研究结论已证明,恢复体验会促进员工的工作投入(Kuhnel, Sonnentag & Westman, 2009; Siltaloppi, Kinnnune & Feldt, 2009; Kinnunen & Mauno, 2010; Sonnentag, Binnewies & Mojza, 2010; Siltaloppi et al., 2011; Kuhnel & Sonnentag, 2011; Sonnentag et al., 2012; ten Brummelhuis, 2012; Shimazu et al., 2012; Kinnunen & Feldt, 2013; Garrick et al., 2014; Venz & Sonnentg, 2015; Shimazu et al., 2016; Lee et al, 2016)。据此,本书提出如下假设:**恢复体验与工作投入之间是正向相关,即心理脱离、放松体验、控制体验和掌握体检与工作投入之间正向相关**。生活满意度是对个体生活质量的主观全面的评判(Diener, Emmons & Larson, 1985)。研究证明,影响生活满意度的两个过程是个性因素影响生活满意度的自上而下的过程,以及具体领域的满意度影响生活满意度的自下而上的过程(Heller, Watson & Ilies, 2004)。具有良好恢复体验的个体更可能对他们的休闲时间满意,进而促进生活满意度。现有实证研究证明,恢复体验会增加员工的生活满意度(Sonnentag & Fritz, 2007; Fritz et al., 2010; Lee et al., 2016)。据此,本书提出如下假设:**恢复体验与生活满意度之间是正向相关,即心理脱离、放松体验、控制体验和掌握体检与生活满意度之间是正向相关**。

恢复体验对任务绩效的影响得到学术界的广泛关注,但是早期的纵向研究以及后来的横截面研究和日志研究都得出了不一致的结论。弗里茨和索南塔格(Fritz & Sonnentag, 2006)采用纵向研究检验假期中的恢复体验对任务绩效的影响。研究结论表明,个体在假期中的放松体验和掌握体验与任务绩效之间的相关关系并不显著。宾纽斯等(Binnewies et al., 2010)采用133份样本以4个工作周为时间跨度,探讨恢复体验对任务绩效的影响。研究结果证实,周末心理脱离、放松体验和掌握体验对每周任务绩效的作用不成立。其他学者的研究结果认为,恢复体验与任务绩效之间具有显著的正向相关关系。例如,岛津(Shimazu et al., 2012)采用2520份样本数据从恢复体验推证网的视角提出了恢复体验的心理脱离、放松体验、掌握体验和控制体验与工作绩效显著相关。进一步地,沃尔曼等(Volman et al., 2013)采用日志研究法对5个工作日的经验取样,探讨了下班后活动对当日工作绩效的影响。研究结果证实,心理脱离通过促进员工的恢复状态提高了员工的任务绩效。除此之外,弗里茨等(Fritz et al., 2010)的研究结论表明,恢复体验与同事评价的任务绩效之间具有曲线关系,适当的心理脱离更有利于员工提高任务绩效。据此,本书提出如下假设:**恢复体验与自我评价的任务绩效之间是正向相关,即心理脱离、放松体验、控制体验和掌握体检与自我评价的任务绩效之间是正向相关**。组织公民行为是指员工工作中表现出的角色外行为,即员工参与岗位说明书明确要求之外的行为(Lee & Allen, 2002),包括赞美组织、帮助同事处理工作任务或问题以及建立和维系人际关系(Podsakoff et al., 2000; van Dyne & Lepine, 1998)。关于恢复体验对组织公民行为的影响方面,埃施勒曼等(Eschleman et al., 2014)采用自我测评和主管同事测量的方式探讨了创造性活动对组织公民行为的人际维度和组织维度的影响。研究结果表明,控制体验对自我测评的组织公民行为的组织维度具有显著的正向作用,掌握体验对由主管和同事测评的组织公民行为的组织维度具有显著的正向作用,心理脱离对自我测评组织公民行为的人际维度、组织公民行为的组织维度具有显著的负向作用。但是,宾纽斯等(Binnewies et al., 2010)采用133份样本以4个工作周为时间跨度的研究结果表明,周末恢复体验对每周组织公民行为没有显著的影响。据此,本书提出如下假设:**恢复体验与组织公民行为之间是正向相关,即心理脱离、放松体验、控制体验和掌握体检与组织公民行为之间是正向相关。**

上述恢复体验与其影响因素和后果变量之间的假设关系总结如表 4-1 所示。

表 4-1 恢复体验、前因变量和后果变量之间的假设关系

变　　量	心理脱离	放松体验	掌握体验	控制体验
工作要求	−	−	−	−
工作资源				
工作控制	＋	＋	＋	＋
主管支持	＋	＋	＋	＋
同事支持	＋	＋	＋	＋
心理变量				
健康抱怨	−	−	−	−
心理困扰	−	−	−	−
工作投入	＋	＋	＋	＋
生活满意度	＋	＋	＋	＋
绩效相关结果				
任务绩效	＋	＋	＋	＋
组织公民行为	＋	＋	＋	＋

注:"＋"代表正向相关关系;"−"代表负向相关关系。

第二节 实 证 设 计

一、研究样本与取样程序

（一）问卷设计

合理的问卷设计为研究信度和效度提供重要保证。根据邓恩等（Dunn et al.，1994）学者的建议，本书遵循以下流程设计问卷：首先，梳理文献形成初始问卷。根据本书对各构念的界定并采用国内研究认可的国外高被引文献中的成熟量表或者专业量表，形成初始问卷量表。其次，与相关领域专家和学者讨论，对问卷题项作背靠背翻译。笔者征求同济大学、诺丁汉大学从事组织行为学、人力资源管理等领域研究的专家和学者的意见，并与所在课题组成员对变量的界定以及测量题项进行讨论，对题项设置和措辞进行修改，形成问卷的第二稿。最后，与企业界专家讨论，对问卷题项作进一步完善。笔者根据第二稿问卷中存在的问题，选定两家企业的 5 位员工预先试答问卷，根据他们的意见对问卷的题项设置和措辞作进一步修改，使问卷尽量不包含专业术语，易于被问卷填写者理解，从而形成问卷的第三稿。

为了方便受访者填写问卷，量表的结构和表达遵循两个原则：（1）将受访者个人信息放在第一部分，如年龄、性别、教育水平等，希望能够提高受访者答题的意愿；（2）将相同衡量尺度的问题放在一起、将类似主题的问题排在一起，希望能够减少答卷者思路的跳跃程度。

调查问卷设计主要包括如下内容（参见附录问卷一）：（1）个

人信息,如姓名(代码)、性别、受教育程度、职位、工作年限等;(2)员工的恢复体验;(3)工作要求;(4)工作资源;(5)工作投入;(6)生活满意度;(7)健康抱怨;(8)心理困扰;(9)任务绩效;(10)组织公民行为。

(二)数据收集

研究问题聚焦中国版本企业员工恢复体验问卷的有效性验证,包含心理脱离、放松体验、掌握体验、控制体验、工作要求、工作资源、健康抱怨、心理困扰、工作投入、生活满意度、任务绩效和组织公民行为这些变量。其中,恢复体验逻辑关联网络中的前因变量和后果变量都难以利用公开的定量资料评价。因此,问卷调查适用于研究分析的方法。

参考恢复体验其他语言版本(Sonnentag & Fritz,2007;Shimazu et al.,2012;Sanz-Vergel et al.,2010)的数据采集方式,问卷数据的获取除了通过纸质版问卷发放之外,主要以网络调研的方式通过中国专业的调研网站问卷星[①](http://www.sojump.com)制作和发放电子问卷。具体问卷发放方式如下:(1)通过问卷星企业员工样本库资源调研,共发放问卷2 116份,回收1 810份,有效问卷877份;(2)课题组成员通过电话、E-mail、QQ、微信等通信工具发送问卷的链接给被调研者填写,共发放问卷249份,回收162份,有效问卷113份[②];(3)向同济大学2013级和2014级EMBA、MBA学员以及其所在实体企业员工发

[①] 笔者所在的导师课题组已多次通过该网站获得调研数据,并以该数据为研究样本的论文获得了国内众多核心期刊和国外SSCI期刊的录用。这表明该网站收集的数据质量得到了领域内专家的认可。

[②] 问卷有效率较高,主要是因为包括了已选定作为第六章被试的两家企业员工,笔者已与两家企业的高层管理者搭建了良好的调研平台。

放纸质问卷 260 份,回收 189 份,有效问卷 141 份。① 上述后两种方式的调研对象包括第五章和第六章中的调研对象。

问卷发放从 2014 年 10 月开始至 2015 年 8 月结束,历时 11 个月。研究共向样本对象发放问卷 2 625 份,回收 2 161 份;由于问卷内容较多,部分问卷信息缺失较多,本书采用较为严格的剔除程序,最终得到有效问卷 1 131 份。综上,本次调查问卷的回收率为 73%,有效率为 52%。样本发放与回收情况见表 4-2 所示。

表 4-2 问卷发放与回收情况

问卷发放与回收方式	发放数量(份)	回收数量(份)	回收率(%)	有效数量(份)	有效率(%)
专业机构代为发放	2 116	1 810	86	877	48
朋友网络发放	249	162	65	113	70
EMBA/MBA 学员和所在企业员工	260	189	79	141	75
合计	2 625	2 161	73	1 131	52

注:回收率=回收数量/发放数量;有效率=有效数量/回收数量。

(三) 样本描述

表 4-3 反映了样本回收的基本特征。从年龄来看,被试年龄平均在 35.6 岁;从性别来看,男性占 54.5%,女性占 45.5%;从婚

---

① 问卷有效率较高,主要是因为笔者承担了同济大学经济与管理学院的 EMBA、MBA 组织行为学课程的助教,负责为期 4 天的课堂辅导与课后小组作业跟踪。本研究问卷主要是在课程休息时间以及最后半天的卷面考试中作为附录进行评价,学员们较为认真仔细地进行了填写。

姻状况来看,已婚占58.2%,其他占41.8%;从受教育水平来看,专科及以下占24.3%,本科及以上占75.7%;从职业类别来看,白领占80.2%,蓝领占19.8%;从每周工作时间来看,平均值是57.5个小时。

表4-3 样本基本特征的分布情况统计

指标	样本数(个)	百分比(%)	均值	标准差
年龄	1 131	/	35.6	9.69
性别 男 女	 617 514	 54.5% 45.5%		
结婚 是 其他	 658 473	 58.2% 41.8%		
受教育水平 专科及以下 本科及以上	 275 856	 24.3% 75.7%		
职业类别 白领 蓝领	 907 224	 80.2% 19.8%		
每周工作时间(个小时)			57.5	20.4

二、测量工具

本章主要涉及以下变量的测量:恢复体验(心理脱离、放松体验、掌握体验、控制体验)、工作要求、工作资源、工作投入、生活满意度、健康抱怨、心理困扰、任务绩效和组织公民行为。除了恢复体验量表,其他量表主要来自国内使用过的国外高被引文献中的成熟量表或者专业量表。本章除控制变量之外,各变量题项均采用李克特5点量表进行测量,以此衡量样本对各问题的同意程度,"1"至"5"分别代表"非常不同意"到"非常同意"。

恢复体验。量表采用由本书翻译的中文版恢复体验,由4个子量表构成,共16个题项。其中,恢复体验包括心理脱离、放松体验、掌握体验、控制体验4个潜因子,每个因子各有4个题项进行评价。恢复体验的各个测量条目将于第五章第二节中进行说明,具体见表5-3、表5-4、表5-5和表5-6。最后对每个子量表的数据进行加总平均。

工作要求。量表参考国内实证研究(郭靖等,2014;黄杰等,2015;赵简、孙健敏和张西超,2013)普遍使用的由卡拉塞克(Karasek,1998)开发的工作内容量表(Job Content Questionnaire),采用曾慧萍和郑雅文(2001)验证并修订的中文版工作内容量表(Chinese-Job Content Questionnaire),该工作要求量表包括5个题项,示例题项如"我没有足够的时间完成工作"。最后对所有题项的数据进行加总平均。本书中工作要求量表的信度系数是0.70;组合信度CR值是0.88;平均方差抽取量AVE值是0.59。

工作资源。量表采用国内实证研究(郭靖等,2014;黄杰等,2015;赵简、孙健敏和张西超,2013)普遍使用的由卡拉塞克(Karasek,1998)开发的工作内容量表(Job Content Questionnaire)。参考曾慧萍和郑雅文(2001)验证并修订的中文版工作内容量表,由3个子量表构成,共11个题项。其中,工作资源包括工作控制(3个题项),示例题项如"我可以自主决定工作中要做的事情";同事支持(4个题项),示例题项如"我的同事愿意帮助我";主管支持(4个题项),示例题项如"我的主管会听取我的意见"。最后对3

个子量表数据进行加总平均。本书中工作资源 3 个子量表的信度系数分别是 0.77、0.79、0.85；组合信度 CR 值是 0.87、0.84、0.90；平均方差抽取量 AVE 值是 0.60、0.61、0.63。

工作投入。量表参考张轶文(2005)和罗春丽(2015)修订并经中国情景下大样本验证过的中文版 Utrecht Work Engagement Scale(UWES)，该量表包括 3 个子量表，共有 15 个题项。其中，工作投入包括活力(6 个题项)，示例题项如"我工作的时候，觉得干劲十足"；奉献(4 个题项)，示例题项如"我所做的工作，能够对我产生激励"；专注(5 个题项)，示例题项如"当我工作时，我忘记了周围的一切"。张轶文(2005)在其中文版工作投入量表中已验证了分量表之间的相关度偏高(0.7—0.8)，内部一致性达 0.9 左右，与国外研究结果(Shimazu et al.，2008)保持一致，这表明量表本身具有较强的一维性。对每个子量表的数据进行加总平均。本书中工作投入量表的信度系数是 0.81；组合信度 CR 值是 0.90；平均方差抽取量 AVE 值是 0.65。

生活满意度。量表采用国内实证研究(高中华和赵晨，2015；金杨华和谢瑶瑶，2015；韩夏筱，2010)普遍使用的由迪纳等(Diener et al.，1985)开发的生活满意度量表(Satisfaction with Life Scale)。该量表共 5 个题项，示例题项如"在很多方面我的生活和我的理想很接近"。最后对所有题项的数据进行加总平均。本书中生活满意度量表的信度系数是 0.89；组合信度 CR 值是 0.91；平均方差抽取量 AVE 值是 0.60。

健康抱怨。量表参考田宪华(2010)修订并经中国情境下大样本验证过的中文版 General Health Questionnaire(Goldberg，1978)中的身体健康子量表。该量表共有 9 个题项，示例题项如"最近我常常觉得腰酸背痛"。最后对所有题项的数据进行加总平均。本书中健康抱怨量表的信度系数是 0.91;组合信度 CR 值是 0.90;平均方差抽取量 AVE 值是 0.70。

心理困扰。量表参考田宪华(2010)修订并经中国情境下大样本验证过的中文版 General Health Questionnaire(Goldberg,1978)中的焦虑和抑郁子量表。该量表共有 8 个题项,示例题项如"最近我因焦虑而严重失眠"。最后对所有题项的数据进行加总平均。本书中心理困扰量表的信度系数是 0.84;组合信度 CR 值是 0.88;平均方差抽取量 AVE 值是 0.60。

任务绩效。量表参考王辉(2003)和杨术(2016)修订并经大样本验证的由范斯科特和莫托维洛(Van Scotter & Motowidlo,1996)开发的任务绩效量表。该量表共 4 个题项,示例题项如"我总是按时完成分派给我的工作任务"。最后对所有题项的数据进行加总平均。本书中任务绩效表的信度系数是 0.90;组合信度 CR 值是 0.90;平均方差抽取量 AVE 值是 0.68。

组织公民行为。量表参考郭晓薇(2004)修订并经大样本验证的由法尔(Farh,2004)开发的中国大陆文化背景下的组织公民行为量表中的群体层面(helping others)的子量表。该量表共 5 个题项,示例题项如"我乐于帮助同事解决工作上的问题"。最后对所有题项的数据进行加总平均。本书中组织公民行为量表的信度系数是 0.88;组合信度 CR 值是 0.89;平均方差抽取量 AVE 值是 0.60。

控制变量。参照以往研究(Schimazu et al.,2012;Sonnentag et al.,2007;Sanz-Vergel et al.,2010)选取相关的人口统计学变量:年龄;性别(1=男性,2=女性);婚姻状况(1=已婚,2=未婚);每周工作时间(按小时计)。因为员工个体所处的工作类别不同,其获得的恢复机会和恢复体验往往也是不同的,又因为研究焦点是验证企业员工的恢复体验情况,所以,本书调研对象的工作类别包括蓝领和白领的工作岗位(1=白领,2=蓝领)。此外,还包括第五章第二小节中的控制变量:教育水平、组织层级、工作年限、所在部门。

三、数据分析

（一）相关性分析

变量之间的相关性检验的方法,主要有 KMO 样本测度与 Bartlett 球体检验两种。KMO 样本测度(Kaiser-Meyer-Olkin Measure of Sampling Adequacy)是所有变量的简单相关系数的平方和与这些变量之间的偏相关系数的平方和之差,相关系数实际上反映的是公共因子起作用的空间,偏相关系数反映的是特殊因子起作用的空间。数据是否适合作因子分析,一般采用如下判断标准：KMO$\geqslant$0.9,非常适合；0.8$\leqslant$KMO$<$0.9,很适合；0.7$\leqslant$KMO$<$0.8,适合；0.6$\leqslant$KMO$<$0.7,不太适合；0.5$\leqslant$KMO$<$0.6,很勉强；KMO$<$0.5,不适合。Bartlett 球体检验(Bartlett Test of Sphericity)是从整个相关系数矩阵来考虑问题,其零假设 H_0 是相关系数矩阵为单位矩阵,可以用常规的假设检验判断相关系数矩阵是否显著异于零。当 Bartlett 统计值的显著性概率小于或等于 α 时,拒绝 H_0,可以作因子分析。

（二）效度分析

效度(Validity)即有效性,是指量表是否能够测量到所要测量的潜在概念(陈晓萍、徐淑英和樊景立,2008)。效度主要分为内容效度、构念效度、收敛效度和区分效度(李怀祖,2004)。

内容效度(Content Validity)是指测量内容在多大程度上反映

或代表研究者所要测量的构念(陈晓萍、徐淑英和樊景立,2008)。内容效度的判断方法为:测量工具是否可以真正测量所研究的变量;测量工具是否涵盖了所研究的变量的范围。本书的测量量表主要采集于以往国外经典文献中的成熟量表,且是被多数中国情景下的实证研究所采用的量表,同时经过研究课题组专家认真比对,力求量表的清晰明确、简洁易懂并形成正式问卷。因此,问卷量表具有较好的内容效度。

构念效度(Construct Validity)是测量结构与所研究的潜在变量之间的一致性程度,即测量题项在多大程度上验证了潜在变量的理论结构。构念效度一般通过收敛效度、区分效度来检验。

收敛效度(Convergent Validity)指同一潜在变量的测量题项的聚合或收敛程度,即各题项之间的同质性。收敛效度可用如下方法评价:该潜在变量所有题项的因子载荷>0.7(或接近0.7),且达到显著水平(t值>1.98)(Iglesias & Vázquez,2001);AVE(Average Variance Extracted)是比较正式的收敛效度检验指标。AVE值越大,聚合效度越高。当AVE>0.5时,量表的收敛效度可以接受(吴明隆,2009)。

区分效度(Discriminant Validity)反映不同潜在变量测量题项的差异程度,表示变量间的不相关程度。如果一个变量各题项与其他变量之间的相关程度低,说明区分效度好。区分效度的评价方法主要采用的是探索性因子分析(Explorative Factor Analysis,简称EFA),即通过测量项目的因子载荷进行评价;验证性因子分析(Confirmatory Factor Analysis,简称CFA),即使用结构方程模型的测量模型检验潜变量与观察变量之间的关系。

在EFA的检验中采用无加权最小平方法(unweighed least squares factoring)萃取因子,以及采用斜交转轴法(promax rotation)获取因子负荷。其中,因为恢复体验的因子之间可能存在某种程度的相关,因此,本书不采用现有研究常用的直交转轴法(varimax rotation),而是采用更为适合的斜交转轴法。所谓斜交转轴法,是指将直交转轴法的结果再进行相关的斜交转轴,其因素负荷量取 2、4、6 次方以产生接近零但不为零的值,借以找出因素间的相关,但仍保有最简化因素的特性。

CFA 的方法用于检验测量模型的拟合性,以往实证研究常用的拟合指数是 χ^2、Df、TLI、GFI、CFI 和 RMSEA。(1) GFI(Goodness-of-Fit Index)为拟合优度指数,该指标可以体现模型整体适配的程度,一般建议 GFI 大于 0.90 表示良好适配,本书在效度分析时以 0.90 为临界值。但考虑到 GFI 值会受到样本大小的影响,本书在模型验证时以 GFI 大于 0.80 表示良好适配(陈晓萍、徐淑英和樊景立,2008)。(2) CFI(Comparative Fit Index)、TLI(Tucker-Lewis Index)为比较拟合指数,其值不易受样本量影响,是较为理想的比较拟合指标。CFI 和 TLI 越接近于 1,表示模型的拟合性越好。一般认为 TLI 和 CFI 大于 0.90 表示模型的拟合性可以接受;TLI 和 CFI 大于 0.95 表示模型的拟合性相当好(侯杰泰、温忠麟和成子娟,2004;陈晓萍、徐淑英和樊景立,2008)。(3) RMSEA(Root Mean Square Error of Approximation)为近似误差均方根,常用的较好的绝对拟合指数,其值越低越好。当 RMSEA<0.05 时,是非常好的模型拟合结果;当 0.05≤RMSEA<0.08 时,是可以接受的模型拟合结果;当 0.08≤RMSEA<0.1 时,表示拟合结果一般(陈晓萍、徐淑英和樊景立,2008)。

逻辑关联网络(nomological network)的构建。逻辑关联网络的构建是通过逻辑分析和文献回顾,对变量间的关系作出符合理论预期的假设。通过相关分析、回归分析或结构方程等统计工具对所提出的假设进行验证,如果分析结果与研究假设一致,使用新开发的测验就可以得到与理论预期一致的变量间关系,也就是说,新开发的测验具备了良好的构念效度。陈晓萍、徐淑英和樊景立(2008)认为,逻辑关联网络的建立侧重于从变量间的因果联系中推论量表构念效度的高低,而非单纯地评价测验指标或题目的质量。由此可知,逻辑关联网络的构建能够更有效地验证概念的构念效度。本书参照现有研究(Sonnentag & Fritz, 2007; Shimazu et al., 2012; Organ, Podsakoff & MacKenzie, 2006),采用变量间相关分析验证恢复体验的逻辑关联网络。

（三）信度分析

信度(Reliability)反映因子内部同质性程度以及测验结果受到随机误差影响的指标,表现为测试结果的一贯性、一致性和稳定性。信度可靠表示数据可用性,是进行效度分析和其他进一步分析的基础。

克朗巴哈系数(Cronbach's α)指量表所有可能的项目划分方法得到的折半信度系数的平均值,是测量指标的内部一致性程度及每个指标所属变量的系统变异。Cronbach's α 的值越大,表示该变量系统性越强,条目间相关性越好。一般而言,Cronbach's α 的值$\geqslant 0.6$,表示可接受;Cronbach's α 的值$\geqslant 0.7$,表示信度较好;Cronbach's α 的值$\geqslant 0.8$,表示信度非常好(Fornell & Larcker, 1981)。

组合信度(Composite Reliability, CR)允许误差之间相关且不相等,还允许潜在变量对各测量题项的影响不同,从而有效避免使用 α 系数时要求潜在变量对各题项影响相等的不符实际的假设,故 CR 比 α 系数更为准确(陈敏,2009)。巴戈兹和易(Bagozzi

& Yi，1988)建议用 CR 来评价量表的同质性。一般认为，CR≥0.5 即表示潜在变量各题项间具有一致性。

第三节 分 析 结 果

本节报告了实证研究的信度和效度分析、回归分析、同源方法方差检验、描述性统计与相关系数、统计分析结果以及简要讨论。

一、恢复体验的因素效度检验结果

（一）探索性因子分析

首先检验测量变项之间是否适合进行因子分析，见表 4-4。测量变项间的取样适当性度量 KMO 值为 0.897，远高于因子分析的最低标准 0.5，同时 Barlett 球形检验的值小于 0.001，也支持因子分析。

表 4-4 KMO 检验和 Bartlett 球形检验

KMO 抽样充分性测量		0.897
Bartlett 球形检验	近似卡方值	1 024.529
	df	231
	Sig.	.000

表 4-5 报告了探索性因素分析的统计结果。正如预期，以特征根大于或等于 1 为抽取原则，得到特征根大于 1 的 4 个因子，且所有题项的因子载荷都大于 0.70，达到了较高的统计检验标准，

表 4-5 恢复体验的探索性因子分析

题号	因子 1: 心理脱离	因子 2: 放松体验	因子 3: 掌握体验	因子 4: 控制体验
心理脱离 ($\alpha=0.89$; $CR=0.87$; $AVE=0.62$)				
5　我根本不会思考工作事情 (PD)	0.93			
9　我能让自己远离工作事情 (PD)	0.89			
1　我能忘记工作上的事情 (PD)	0.80			
13　我能在繁忙的工作中得到休息 (PD)	0.69			
放松体验 ($\alpha=0.91$; $CR=0.90$; $AVE=0.70$)				
10　我花时间放松 (RE)		0.89		
6　我做轻松的事情 (RE)		0.88		
14　我花时间休闲 (RE)		0.85		
2　我能平静下来并放松自己 (RE)		0.83		
控制体验 ($\alpha=0.90$; $CR=0.90$; $AVE=0.70$)				
11　我决定如何安排我的时间 (CO)			0.89	
7　我决定自己的日程安排 (CO)			0.88	
3　我觉得自己可以决定要做的事情 (CO)			0.84	
15　我以自己的方式处理要做的事情 (CO)			0.77	
掌握体验 ($\alpha=0.87$; $CR=0.88$; $AVE=0.64$)				
12　我做对我有挑战性的事情 (MA)				0.88
8　我寻找挑战脑力的任务 (MA)				0.84
16　我做拓宽视野的事情 (MA)				0.82
4　我学习新东西(技能/知识) (MA)				0.75

注:$N=1131$。采用无加权最小平方法萃取因子和斜交转轴法表得因子载荷。PD=心理脱离,RE=放松体验,CO=控制体验,MA=掌握体验。

初步支持了假设,即中国情境下恢复体验由四个维度构成,即心理脱离、放松体验、掌握体验和控制体验。

(二) 验证性因子分析

对恢复体验的 4 个因子进行验证性统计分析,对单因子模型、二因子模型、三因子模型以及四因子模型之间的模型拟合进行对比。表 4-6 报告了验证性因素分析的统计结果,各个模型的 χ^2 值显著($p<0.001$),且 χ^2 / Df 比也无法满足一般统计标准。因为本节研究的样本量达到 1 131 份, χ^2 值会随着样本量的多寡而变动,当样本量较大时(如大于 1 000),即隐含的协方差矩阵与样本数据协方差矩阵差异很小,χ^2 值也会变得很大,造成显著性概率值变得很小,容易拒绝原假设,使得假设模型与样本数据无法适配(吴隆增,2009)。此时,吴隆增(2009)建议采用更多的模型适配度指标进行综合判断,本节重点关注效度分析中的其他适配指标以判断模型的拟合优度。

不考虑 χ^2 值这一模型适配度指标,由表 4-6 可以看出,四因子模型拟合较好(TLI = 0.948,GFI = 0.920,CFI = 0.967,RMSEA = 0.058),在统计学意义上显著优于其他嵌套模型拟合结果,而且其拟合指数都达到了可接受水平。由此进一步表明,研究所用量表工具具有良好的区分效度。

表 4-6 恢复体验验证性因素分析

Model	χ^2	p	Df	TLI	GFI	CFI	RMSEA
四因子模型	636.29	.000	98	.948	.920	.967	.058
最优三因子模型	1 420.09	.000	101	.907	.817	.916	.070

续 表

Model	χ^2	p	Df	TLI	GFI	CFI	RMSEA
最优二因子模型	3 197.18	.000	103	.891	.833	.875	.120
单因子模型	5 589.44	.000	104	.653	.604	.680	.192

注：N=1 131。心理脱离与控制体验合并为一个潜因子；心理脱离与放松体验合并为一个潜因子；控制体验与掌握体验合并为一个潜因子。

二、恢复体验子量表的信度分析检验结果

由表 4-7 可知，心理脱离、放松体验、控制体验和掌握体验的 Cronbach's α 值分别是 0.89、0.91、0.87、0.90，均大于 0.8。心理脱离、放松体验、控制体验和掌握体验的 CR 值分别是 0.62、0.70、0.70、0.64，均大于 0.5。因此，恢复体验的 4 个子量表具有良好的信度。

三、恢复体验逻辑关联网络的相关性分析

逻辑关联网络的构建能够更有效地验证概念的构念效度。恢复体验逻辑关联网络中的已得到广泛验证的变量是为了测量恢复体验量表在具体文化背景中的有效性。因此，笔者不对这些变量作详细的回归分析，参照现有研究（Sonnentag & Fritz，2007；Shimazu et al.，2012；Organ，Podsakoff & MacKenzie，2006），采用变量间相关分析验证恢复体验的逻辑关联网络。

各变量的均值、标准差、相关系数如表 4-7 所示，其中包括恢复体验中心理脱离、放松体验、控制体验和掌握体验以及恢复体验潜在的预测变量和结果变量。其中，工作要求与恢复体验的 4 个

表 4-7 恢复体验、前因变量和后果变量之间的假设关系

变量	1	2	3	4	5	6	7	8	9	10	11	12	13	14	15	16	17	18	19	20
人口统计学变量																				
1 年龄	—																			
2 性别	-.04	—																		
3 婚姻状况	-.39	.13**	—																	
4 教育水平	-.11	-.30**	.04	—																
5 每周工作时间	-.09**	-.13**	.02	.11**	—															
6 职业类别	.05	-.01	.02	-.19**	-.09**	—														
恢复体验																				
7 心理脱离	-.03	.11**	.05*	-.01	-.01	.02	(.89)													
8 放松体验	.05*	.12**	.07**	.01	-.01	.03	.64**	(.91)												
9 掌握体验	.12**	-.06*	-.02	.11**	-.04*	-.06*	.21**	.35**	(.90)											

续表

变量	1	2	3	4	5	6	7	8	9	10	11	12	13	14	15	16	17	18	19	20
10 控制体验	.20**	.10**	.08**	.03	−.04*	−.03	.37**	.44**	.40**	(.87)										
预测变量(工作情景变量)																				
11 工作要求	−.09	−.15**	.08**	.10**	−.06*	.03	−.22**	−.11**	−.08**	−.21**	(.70)									
工作资源																				
12 工作控制	.17**	−.17**	−.05*	.08**	−.06*	−.16**	.03	.02	.02	.16**	−.20**	(.77)								
13 主管支持	.13**	−.21**	−.10**	.12**	.04*	−.18**	−.02	.33**	.01	.18**	−.02	.01	(.79)							
14 同事支持	.22**	−.13**	−.14**	.25**	.04*	−.16**	−.19**	.33**	.03	.18**	.02	.03	.57**	(.85)						
结果变量(心理变量和绩效变量)																				
15 健康抱怨	.68**	−.01	.14**	.01*	.01	−.34**	−.37**	−.24**	−.15**	−.25**	.23**	−.21**	−.16**	−.13**	(.91)					
16 心理困扰	−.25**	.15**	.11**	−.03	.02	−.09**	−.32**	−.17**	−.14**	−.28**	.39**	−.14**	−.11**	−.11**	.50**	(.84)				

续 表

变量	1	2	3	4	5	6	7	8	9	10	11	12	13	14	15	16	17	18	19	20
17 工作投入	.23**	.13**	−.19**	.02	.11**	−.03	.17**	.10**	.36**	.19**	.08**	.28**	.15**	.16**	−.19**	−.33**	(.81)			
18 生活满意度	.23**	.29**	.20**	.01	.02	−.03	.37**	.22**	.24**	.21**	−.37**	.21**	.25**	.30**	−.29**	−.34**	.23**	(.89)		
19 任务绩效	.27**	−.03	−.13**	.03	.01	.00	.13**	.20**	.16**	.21**	−.03	−.03	.43**	.39**	−.18**	−.40**	.25**	.33**	(.90)	
20 组织公民行为	.07*	.06*	.17**	−.08**	.02	−.07*	−.13**	.03	.15**	.22**	−.05*	.08*	.14**	.49**	−.22**	−.23**	.19**	.20**	.12**	(.88)
均值	40.87	1.2	1.50	1.45	48.42	1.16	3.00	3.29	3.04	3.70	2.59	3.48	2.48	2.56	2.01	2.29	2.80	3.58	3.24	3.15
标准差	9.33	.50	.50	.46	26.76	.38	0.88	.80	.90	.78	.69	.66	.67	.74	.54	0.67	1.44	1.28	1.04	0.85

注：N=1 131。括号内的数据为 Cronbach's α 的值。** $p<0.01$，* $p<0.05$。

子因素之间是负向相关的（$\beta_{PD}=-0.22$，$p<0.01$；$\beta_{RE}=-0.11$，$p<0.01$；$\beta_{MA}=-0.08$，$p<0.01$；$\beta_{CO}=-0.21$，$p<0.01$）；工作控制只与控制体验之间是正向相关的（$\beta_{CO}=0.16$，$p<0.01$）；除了心理脱离和掌握体验，主管支持与放松体验和控制体验之间是正向相关的（$\beta_{RE}=0.33$，$p<0.01$；$\beta_{CO}=0.18$，$p<0.01$）；同事支持与掌握体验不相关，而与放松体验和控制体验因素是正向相关的（$\beta_{RE}=0.33$，$p<0.01$；$\beta_{CO}=0.18$，$p<0.01$），与心理脱离是负向相关的（$\beta_{PD}=-0.19$，$p<0.01$）；健康抱怨与恢复体验4个子因素之间是负向相关的（$\beta_{PD}=-0.37$，$p<0.01$；$\beta_{RE}=-0.24$，$p<0.01$；$\beta_{MA}=-0.15$，$p<0.01$；$\beta_{CO}=-0.25$，$p<0.01$）；心理困扰与恢复体验4个子因素之间是负向相关的（$\beta_{PD}=-0.32$，$p<0.01$；$\beta_{RE}=-0.17$，$p<0.01$；$\beta_{MA}=-0.14$，$p<0.01$；$\beta_{CO}=-0.28$，$p<0.01$）；工作投入与恢复体验4个子因素之间是正向相关的（$\beta_{PD}=0.17$，$p<0.01$；$\beta_{RE}=0.10$，$p<0.01$；$\beta_{MA}=0.36$，$p<0.01$；$\beta_{CO}=0.19$，$p<0.01$）；生活满意度与恢复体验4个子因素之间是正向相关的（$\beta_{PD}=0.37$，$p<0.01$；$\beta_{RE}=0.22$，$p<0.01$；$\beta_{MA}=0.24$，$p<0.01$；$\beta_{CO}=0.21$，$p<0.01$）；任务绩效与恢复体验4个子因素之间是正向相关的（$\beta_{PD}=0.13$，$p<0.01$；$\beta_{RE}=0.20$，$p<0.01$；$\beta_{MA}=0.16$，$p<0.01$；$\beta_{CO}=0.21$，$p<0.01$）；组织公民行为与心理脱离之间是负相关的（$\beta_{PD}=-0.13$，$p<0.01$），与放松体验不相关，分别与掌握体验和控制体验之间是正相关的（$\beta_{MA}=0.15$，$p<0.01$；$\beta_{CO}=0.22$，$p<0.01$）。

表4-8总结了上述所有变量的相关关系的假设验证情况。

表 4-8 恢复体验、前因变量和后果变量之间的假设关系

变量	心理脱离 假设	心理脱离 结果	放松体验 假设	放松体验 结果	控制体验 假设	控制体验 结果	掌握体验 假设	掌握体验 结果
工作要求	−	成立	−	成立	−	成立	−	成立
工作资源								
工作控制	＋	不成立	＋	不成立	＋	成立	＋	不成立
主管支持	＋	不成立	＋	成立	＋	成立	＋	不成立
同事支持	＋	不成立	＋	成立	＋	成立	＋	不成立
心理变量								
健康抱怨	−	成立	−	成立	−	成立	−	成立
心理困扰	−	成立	−	成立	−	成立	−	成立
工作投入	＋	成立	＋	成立	＋	成立	＋	成立
生活满意度	＋	成立	＋	成立	＋	成立	＋	成立
绩效相关结果								
任务绩效	＋	成立	＋	成立	＋	成立	＋	成立
组织公民行为	＋	不成立	＋	不成立	＋	成立	＋	成立

注："＋"代表正向相关关系，"−"代表负向相关关系。

第五章

恢复体验对员工创造力的影响机制：个体间层面的研究

第一节 实 证 框 架

基于清晰的恢复体验概念界定以及中国背景下该构念维度有效性的验证，本章采用静态的研究视角、个体间的分析层面、特质性的构念侧面探究恢复体验对员工创造力的作用机制，具有重要的理论和实践意义。虽然研究者对恢复体验与员工创造力之间的关系进行了开创性的研究（de Jonge et al., 2012；Eschlema et al., 2014），但研究还相当薄弱，其结论也大相径庭。因此，如何明确且完整地构建恢复体验对员工创造力影响的作用机制成为本章需要解决的问题。

结合工作恢复理论和创造力理论，笔者通过 230 名员工及其直接主管的配对样本，从特质性恢复体验视角考察员工创造力提高的作用机制——创造力自我效能感的中介作用以及工作复杂性的调节作用。这不仅呼应了个体特征要素激发创造力的重要作用，而且凸显了现有研究强调外部环境对员工创造力培育的重要途径，以期从个体差异的角度为组织如何充分利用恢复体验机制激发员工创造力提供建议。具体而言,社会认知理论认为,创造力自我效能感使员工对自身创造性能力产生不同的信念,进而催生出差异化的创造力(Tierney & Farmer, 2002)。在非工作情景的恢复体验过程中,员工会对有价值的资源作出策略性的再投入,这依赖其对可获取的和再利用的新资源进行识别并配置的能力的认知判断(Halbesleben et al., 2014)。创造力自我效能感则会促进员工对最优资源价值的认知判断,这体现了员工对创造性任务完成的预期贡献和积极卷入创造性任务的主动性(Malik et al., 2015)。由此,创造力自我效能感在恢复体验影响员工创造力的过程中发挥着重要作用。恢复体验对员工创造力的作用机制不可避免地受到组织情境要素的影响。工作特征已被设置为恢复体验发挥作用的组织情境(Sonnentag & Fritz, 2007; Binnewies et al., 2010),而工作复杂性(job complexity)主要是工作"质"的程度要求,复杂程度的差异会对恢复体验作用机制产生权变影响。

通过构建并验证"恢复体验—创造力自我效能感—员工创造力"的理论模型,本书提出了较为系统的恢复体验对员工创造力的影响机制框架。具体而言,从个体间层面上,采用层级回归模型检验特质性恢复体验对一般员工创造力的直接影响,以及创造力自我效能感的中介作用和工作复杂性的调节作用,概念模型见图5-1。

一、恢复体验对员工创造力的直接作用

基于体验对资源的承载(resource-laden experience),组织领域的学者倾向于将恢复体验界定为员工为应对工作资源需求而从资源损失中恢复的心理过程(Hahn et al., 2011; Sonnentag & Fritz, 2007)。在这个过程中,员工参与放松体验、心理脱离、掌握

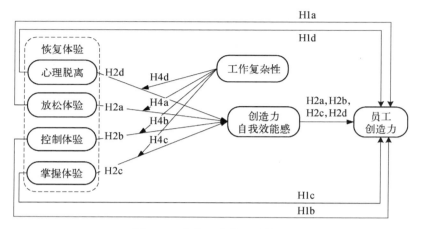

图 5-1 本书研究的理论模型

体验和控制体验,积极保护、维持并配置有价值的资源,这些资源包括物质资源(objects)、个人特征资源(personal characteristics)、条件资源(conditions)、能量资源(energies)(Hobfoll,1989;吴伟炯等,2012),也包括情感资源(affective resources)和监管资源(regulatory resources)(Trougakos et al.,2014)。基于资源价值的二重性(预期价值和实际价值;Schimidt & Keil,2013),本书认为,上述资源的价值是指个体所感知到的资源的价值,体现在两个方面:其一,现有需要保护的和新获取的资源在多大程度上匹配了个体资源队列(resource caravan)(Schimidt & Keil,2013);其二,这些资源在多大程度上满足了一系列创造性目标实现的需求。COR 理论指出,保护、维持并配置资源的前提是员工已对这些资源的价值作出了预期判断并再投入现有资源;参与恢复体验说明员工认为恢复体验值得投入自身现有资源(如时间、精力等),并通过恢复体验保护和获取有价值的资源。

第五章 恢复体验对员工创造力的影响机制：个体间层面的研究

恢复体验与员工创造力之间的关系已在现有研究中获得初步关注(de Jonge et al., 2012; Eschleman et al., 2014)。员工创造力通常指产生新颖、有用并切实可行的想法，该想法可以涵盖产品、服务以及生产与管理流程等方面(Amabile et al., 1996; Zhang & Bartol, 2010)。由创造力成分理论可知，为了解决问题和完成任务，专业相关技能、创造力相关技能和任务动机是创造力的三个构成要素(Amabile, 1983)。专业相关技能是个体创造力产出的原材料，包括基础知识和技术技能等，它更加依赖个体的自主能力以及非正式学习途径。创造力相关技能主要指寻找问题解决方式的能力和有助于产生新颖想法的知识(Amabile, 1983)，包括产生创意所要求的一系列原则与方法、认知模式、行为模式等。根据该理论，当创造力构成要素水平较高时，员工创造力也会相应提高；而恢复体验保存和获得的资源为这三个要素的提高提供了有效的积累。具体而言，员工参与恢复体验之所以可以提高员工的创造力，本书认为这是因为恢复体验通过保护现有的或(和)获取新的有价值的资源，补充了提高员工的专业相关技能和创造力技能所需要的多样性资源。由 COR 理论和努力-恢复理论可知，工作环境的要求会威胁或损失个体资源，相对应地，个体将主动参与非工作情景的活动保护或(和)获取资源。完成创造性任务或寻找问题解决途径可以被分解为一系列待实现的目标，而这些目标的实现会不同程度地消耗个体有价值的资源(比如工作投入；Halbesleben & Bowler, 2007)；员工参与恢复体验获取有价值资源避免了员工陷入丧失螺旋，也实现了创造性资源的增值螺旋(Hobfoll, 1989)。只要员工参与恢复体验的行为发生，即可判定其对新资源的预期价值进行了识别，而这些被识别出的资源，比如自我效能感(Hobfoll, 1989)、积极情绪(Parkinson & Totterdell,

1999)、主动性(Eschleman et al.，2014)，则构筑起员工创造力不可或缺的专业技能和创造力技能的资源库。此外，在某个生活领域(如下班时间)获取的新资源往往具有溢出效应，而被应用在使用这些资源的其他领域(Ivcevic，2007)，这种积极的溢出被看作在工作领域中解决问题的路径(Amabile et al.，1996)。例如，业余学习诗歌创作，掌握了丰富的语言词汇，便于员工在团队中更加清楚明确地表达复杂想法。由此，恢复体验有助于员工在工作中产生解决问题和完成任务的多样可替代性的新想法或新方案。

除了理论界对恢复体验与员工创造力之间的相关关系作了一番逻辑阐述，在现有相关的实证文献中，大多数学者也对不同恢复体验策略与员工创造力之间的相关关系作进一步阐释。经过第二章梳理的现有恢复体验研究的88篇文章以及第四章对恢复体验逻辑关联网络的实证结果，本书发现，恢复体验的作用范式主要表现在对心理健康和心理情感变量的影响，即在一般情况下，恢复体验的四种策略可以促进个体的身心健康与积极情感，进而促进与绩效相关的积极结果。与此同时，研究工作场所中创造力的学者们已经证明个体的身心健康和情感变量是影响创造力的重要前置因素(van Dyne et al.，2002；Amabile et al.，2005；Ford，1996；George & Zhou，2002，2007；Madjar et al.，2002；Zhou & George，2001)。由此，本书从压力恢复和情感视角上讨论放松体验、掌握体验和控制体验对员工创造力具有积极的作用，而心理脱离与其他三种恢复体验策略的作用不同，即心理脱离与员工创造力之间具有倒U型关系。

首先，压力恢复理论用于解释恢复体验有助于缓解压力造成的低水平心理幸福感，进而促进员工创造力水平提高。由现有研究可知，不同恢复体验策略有助于恢复员工压力反应，并最终促进员工创造力。现有大量实证研究已证实,心理脱离有助于员工摆脱压力源并缓解压力反应(参见 Sonnentag & Fritz,2015 年综述中的 59 篇实证结果总结)。除此之外,研究者们也认为放松体验、掌握体验和控制体验能够缓解由工作压力导致的疲劳、健康受损、负面激活等(Sonnetag & Zijlstra,2006;Frtiz & Sonnentag,2006;Sonnentag & Fritz,2007;Sonnentag,Kuttler & Fritz,2010)。关注创造力研究的学者们认为,工作压力会阻碍员工创造力的产生和实施(Amabile et al.,2002)。例如,班杜拉(Bandura,1997)指出,创造性尝试必然充满挑战和风险,而且需要付出更多的努力。当员工感知到工作受到威胁而又无力应对时,出于避免失败和自我保护的目的会减少挑战现状的冒险和尝试,转而将精力投入习惯性而非创造性的行动(Ford,1996),从而导致更低的创造力。由上述可知,不同恢复体验策略在缓解工作压力应激的恢复过程中可以促进员工创造力。

其次,对恢复过程的理解,情绪管理也提供了一个具体视角。因为有压力的工作环境经常会导致情绪受损(Fuller et al.,2003),情绪的修复是恢复体验的核心功能。情绪管理的研究结果表明,个体可以采取不同的策略以管理他们的情绪,这包括认知方式和行为方式(Parkinson et al.,1996;Thayer et al.,1994)。帕金森和托特德尔(Parkinson & Totterdell,1999)提出了包括转移策略(divertionary strategy)和参与策略(engagement strategy)的两类情绪管理策略。转移策略的目的是避免一种负面或者有压力的情境,并且从这种情境中转移。参与策略是指个体面临或者接受负面或有压力的情境。转移策略似乎是更相关的并且更有利于解释压力恢复,而参与策略会使个体从认知上经受压力情境并可能导致较少的恢复。其中,转移策略包括从工作中心理脱离、放松策略、掌握策略(Parkinson & Totterdell，1999)，尤其是心理脱离和放松策略会促进员工创造力水平，因为个体情绪资源不再螺旋损耗，消极情感不再持续并可能转化为积极情感(Amabile et al.，2005)；掌握策略的效应是得到新的内在资源(如自我效能感、技能等)并提高积极心境，进而促进员工创造力。此外，控制体验作为一种外在资源，可以为个体获取内在资源提供机会(Hobfoll，1998)，体验到控制的个体会减弱负面情绪并提高心理幸福感(Bakker et al.，2013)，进而提高员工创造力的水平(黄亮和彭璧玉，2015；Zhou & George，2001)。

据此，本书提出如下假设：

假设 1a：放松体验对员工创造力产生显著的正向作用。

假设 1b：控制体验对员工创造力产生显著的正向作用。

假设 1c：掌握体验对员工创造力产生显著的正向作用。

值得说明的是，从工作中心理脱离对员工创造力发挥着与恢复体验等其他体验策略不同的作用，即心理脱离可能与员工创造力之间具有倒 U 型关系。过低水平的心理脱离一方面使得员工的内在资源仍然暴露在工作需求中，更无法摆脱工作压力环境的影响，尤其是对个体心理状态的作用；另一方面是员工无法摆脱工作中的不良情绪，甚至会持续到生活当中，这将严重影响员工的身心健康、生活幸福感以及工作相关绩效结果。相反地，过度的心理脱离可能不利于员工的创造性结果。首先，根据边界理论(Ashforth et al.，2000)，过高水平的心理脱离会产生工作-非工作角色间的边界，使工作和非工作角色分隔过度清晰，员工需要更多的内在资源(如时间和精力)重新回到"工作模式"(Fritz et al.，2010)。这意味着当员工遇到工作相关问题的识别和处理时，出于避免重复性努力投入的目的，他们会较少进行挑战现状的冒险和尝试。例如,员工在非工作时间依然花时间多角度地思考问题,可以与认知性的工作要求做好"无缝衔接",避免重新熟悉问题或编码信息。阿马比尔等(Amabile et al., 2005)指出,任何认知要素的变异(cognitive variance)都会提高创意新颖性。换言之,认知要素的稳定很可能不利于创造性想法的提出或者问题的解决。当个体一直处在高水平的心理脱离时,个体在认知层面上摆脱了工作认知要求,会导致产生创造力所需要的认知要素的缺失,进而降低员工的创造力水平。与这一观点一致,德容(de Jonge et al., 2012)认为,心理脱离中认知脱离维度能显著地负向影响员工的主动学习行为和创造力。由此,本书推测过度的心理脱离对员工的创造力具有负向影响。如果员工在开工之前已经花了一些时间思考上班后需要完成什么任务以及完成任务的顺序等问题,他们在开工之后就会有更高的效率,更可能在短时间内找到解决方案。

综上所述,过高和过低的心理脱离水平会妨碍员工的创造力,适度的心理脱离水平会产生最高的创造力水平,即心理脱离与员工创造力之间存在倒 U 型的相关关系。据此,本书提出**假设 1d**:心理脱离与员工创造力之间存在倒 U 型的相关关系,即当心理脱离水平提高时,员工创造力也提高,直到提高至峰值,之后随着心理脱离水平的提高,员工的创造力将降低。

二、创造力自我效能感的中介作用

基于对个体自我效能感(Bandura,1997)在具体领域的应用,蒂尔尼和法默在研究中提出了创造力自我效能感这一构念。蒂尔尼和法默(Tierney & Farmer,2002)认为,创造力自我效能感是个体对自己有能力在工作领域内产生创造性结果的信念。也就是说,这一概念的界定是从研究领域的内容和专有性程度方面(Bandura,1997),将创造力自我效能感作为针对创造力的个人能力判断,这完全遵循了班杜拉的"设定的情境要求"(given situational demands)观点。在具体的创造力情境中,以往研究都表明创造力自我效能感是创造力的一个重要来源(Malik et al.,2015;Zhou et al.,2012;Tinerney & Farmer,2002,2004;张勇和龙立荣,2013)。因此,创造力自我效能感可能在恢复体验和员工创造力之间发挥着中介作用。

(一) 恢复体验与创造力自我效能感

恢复体验会促进员工的创造力自我效能感,主要基于两大角度的论证:一方面,从恢复体验的理论基础和创造力自我效能感的概念上推证恢复体验对创造力自我效能感的积极作用;另一方面,在第一方面的理论论证基础上,再从班杜拉(Bandura,1997)提出的个体自我效能感来源视角,进一步推证不同恢复体验策略对创造力自我效能感的积极作用。

由资源保存理论可知,非工作时间中有助于恢复的心理体验能够保护并获取个体一般自我效能感(Hobfoll,1989)。陈等(Chen et al.,2001)认为,一般自我效能感(general self-efficacy)是指个体对他/她自己在不同的具体领域内的整体能力的信念,换言之,一般自我效能感是一种类状态(state-like)的个体内在资源(Gist & Mitchell,1992)。现有研究结论表明,一般自我效能感是提高具体领域的自我效能感的一个必要条件(Chen et al.,2000;Chen et al.,2001;Judge et al.,2001)。可以进一步推证,个体在创造力领域的自我效能感是构建在个体一般自我效能感基础之上的,换言之,个体一般自我效能感的提高必然会促进个体在创造

第五章 恢复体验对员工创造力的影响机制：个体间层面的研究

力领域中对自我能力的判断和提高。具体而言，恢复体验可以保护个体在创造性过程中的能力信念的损耗。员工在创造性任务参与过程中，面临很多不确定性和挑战性的因素(Bandura & Locke，2003)，这些因素将威胁员工达到预期的创造性结果的能力信念。相应地，作为个体内在资源，受损耗的创造力自我效能感可以依赖员工的恢复体验得到保护和修复，与此同时，个体也会有更多的努力投入，进而保证创造性结果的实现。此外，具有高水平恢复体验的员工倾向于获得更多的一般自我效能感资源，更有可能在非工作时间积累成就感和信心，这为他们在工作中寻求更多样化的问题解决方案提供了有力的支持(Bandura & Wood，1989)，还会营造创造性的氛围(Ford，1996)，从而增强创造力自我效能感和创造力结果。因此，本书认为恢复体验是有创造性导向的自我效能感形成所必需的影响因素。

社会认知理论认为，个体自我效能感的形成主要源于四个方面：社会说服(social persuasion)，即他人口头的说服确认了个体完成任务的能力；心理状态(physiological state)，即个体完成任务时厌恶的生理和情绪唤醒；间接经验(vicarious experience)，即个体通过观察和模仿社会而获得的经验；成功体验(mastery experience)，即个体通过成功完成任务而获得自信和成绩感等。由社会认知理论可知，不同的恢复体验可以从不同的方面影响员工创造力自我效能感。

放松体验和心理脱离可以从心理状态方面积极影响创造力自我效能感。由放松体验的定义可知，无论是员工通过目的性策略(瑜伽、冥想等)还是非目的性策略(听音乐、睡觉等)体验的放松，都是员工生理应激水平低和积极情感水平高的状态(Sonnentag & Fritz，2007)，这样的状态也正好抑制了个体厌恶的生理和情绪唤醒，如焦虑、害怕、压力等（van Hooff & Baas，2013；van Hooff，2013；Fritz & Sonnentag，2006；Hahn & Binnewies，2012；Kinnunen & Feldt，2013；Kinnunen & Mauno，2010；Kühnel & Sonnentag，2011；Siltaloppi et al.，2011；Sonnnentag & Fritz，2007；ten Brummelhuis & Bakker，2012），并最终保护和提高了创造力自我效能感和创造力。心理脱离是停止有关工作事情的思考和参与并且从资源损耗中得到恢复的心理策略，这意味着员工不再需要付出努力应对工作要求和压力源（Kühnel，Sonnentag & Westman，2009；Shimazu et al.，2016；ten Brummelhuis & Bakker，2012；Sonnentag et al.，2010；Sonnentag et al.，2008；李爱梅等，2015）。进一步地，员工也能够从情感和认知上离开工作事件（de Jonge et al.，2012），员工从身体、情感和认知三方面的脱离将抑制工作期间产生的厌恶的生理和情绪唤醒的破坏力，进而保护了创造力自我效能感和员工创造力。

控制体验从成功经验和一般自我效能感两个方面积极影响创造力自我效能感。由控制体验的内涵可知，员工在非工作情境下拥有自主决断权更有利于帮助员工获取新资源（Hobfoll，1989；Schmidt & Keil，2013），进而提高个体的一般自我效能感和胜任感（Sonnentag & Fritz，2007；吴伟炯等，2012），以此促进创造力自我效能感。另外，控制体验也有助于员工积极地重新评价潜在的压力情境，并且会减弱个体负面情绪及提高心理幸福感（Bakker et al.，2013），这可能会抑制厌恶的生理和情绪唤醒。

掌握体验至少可以从两个方面积极影响创造力自我效能感。一方面，作为非工作情境中的学习导向路径（吴伟炯等，2012），掌握体验可以帮助员工成功地应对挑战和增加学习技能。员工可以选择攀岩、学习业余知识、参加培训班等（Sonnentag & Fritz，2007），通过成功完成这些掌握活动而获得自信和成绩感。另一方面，掌握体验能够提高积极心境（positive mood）（Tortterdell & Parkinson，1999），这也有利于抑制厌恶的肉体和情绪唤醒。另外，正如霍布福尔（Hobfoll，1989）所言，掌握体验的效应有助于获得新的内在资源，当掌握体验发挥作用时，它们可以增加员工的一般自我效能感（Schmidt & Keil，2013）。因此，掌握体验可以从成功的精力、生理状态和一般自我效能感三个方面促进创造力自我效能感。

（二）创造力自我效能感的中介作用

以往的研究表明，自我效能感是创造力动机过程中不可或缺的因素（Bandura，1997；Ford，1996）。班杜拉（Bandura，1997）认为，"有效的个体机能不只是知道要去做什么以及被什么动力激发，而是个体必须建立效能信念，他们能够激活那些将知识和能力转化为熟练行动的认知、动机和情感过程"。基于个体对自己进行创造性能力的信心，他们会采取产生创造性结果的行为（Bandura，1997；Ford，1996）。

蒂尔尼和法默（Tierney & Farmer，2002）的研究基于动机和认知机制，认为创造力自我效能感和员工创造力之间的关系可以从以下两方面进行解释。首先，创造力自我效能感作为一种动机机制可以预测员工的创造力。员工的创造力自我效能感越高，在创造性过程中，他们会更加相信自己解决困难和卷入创造性事务的能力。这种效能信念可以促使员工设定创造力目标（Bandura，1997），并且从个体内部激发自己主动地提出颠覆性创意或者搜寻多样化的技能。特别是当员工面临重大的挑战和困难时，强烈的创造力自我效能感会产生执着并勇于应对的努力。其次，创造力自我效能感可以作为认知机制预测创造力。创造性过程投入和领域相关技能是创造力的必要条件(Amabile，1983，1996)。具有高创造力自我效能感的员工，他们会坚持不懈地搜寻与工作相关的信息(Bandura，1997)，这有助于员工更好地理解工作相关知识。进一步地，对创造能力具有高强度信念的员工，他们更倾向不满足于习以为常的想法或解决方案，并且会投入更多的努力和精力去使用认知资源(如经验、记忆、逻辑技能)，以促使新想法的产生。相关的实证研究成果也验证了这一理论观点，研究表明，创造力自我效能感对员工创造力具有显著的正向作用(Tierney & Farmer，2002，2004；Malik et al.，2015；张勇和龙立荣，2013)。基于上述分析，创造力自我效能感是可以促进员工创造力的(Tierney & Farmer，2002，2004)。

总而言之，不同的恢复策略在非工作的时间中保护并获取一般自我效能感。整体效能信念(overall efficacy belief)的积累将会在具体领域内产生重要的创造力自我效能感(Judge et al.，1997)。另外，创造力自我效能感也是促进员工创造力的一个积极因素(Tierney & Farmer，2002，2004)。恢复体验的不同心理策略——放松体验、控制体验、掌握体验和心理脱离，会通过创造力自我效能感进而影响员工的创造力。据此，本书提出如下假设：

假设 2a： 放松体验对员工自我效能感产生正向作用，并进而影响员工的创造力，也即创造力自我效能感在放松体验与员工创造力关系中发挥中介作用。

假设 2b： 控制体验对员工自我效能感产生正向作用，并进而影响员工创造力，也即创造力自我效能感在控制体验与员工创造力关系中发挥中介作用。

假设 2c：掌握体验对员工自我效能感产生正向作用，并进而影响员工创造力，也即创造力自我效能感在掌握体验与员工创造力关系中发挥中介作用。

假设 2d：心理脱离对员工自我效能感产生正向作用，并进而影响员工创造力，也即创造力自我效能感在心理脱离与员工创造力关系中发挥中介作用。

三、工作复杂性的调节作用

职业健康领域的一些学者认为，将工作特征因素（如工作特征模型、工作多样性和工作复杂性等）引入恢复体验研究（Binnewies et al.，2009；Sonnentag & Fritz，2007），并以此加深对恢复体验作用过程和机制的理解是十分必要的。已有的研究证实了工作恢复与工作特征的交互作用对工作绩效的影响（Binnewies et al.，2009；Sonnentag et al.，2007）。在众多的工作特征因素中，工作复杂性对员工提出了多方面的工作要求，这在解释恢复体验对个体绩效结果的影响方面发挥重要作用。复杂的工作具有高自由度、技能多元化、高认同、意义性、反馈性、结果多元化以及潜在路径多元化等特点（Hatcher et al.，1989），而从工作要求的视角上看，工作复杂性体现了较高的工作要求，并对员工提出了更多的挑战。因而，将工作复杂性视为解释恢复体验与员工创造力间关系的条件因素在理论上和逻辑上是具有意义的。

研究发现，较之简单的工作，复杂的工作能给员工提供更多展现创造力的机会（Tierney & Farmer，2002，2004）。工作复杂性是一种工作特征，指工作具体内容的复杂性（Hackman & Oldham，1975）。工作复杂性体现了工作要求中的工作数量、质量、任务困难程度等方面，复杂程度较高的工作要求更多更全面的个人资源(Hatcher, Ross & Collins, 1989),如情感、技能、生理等,这反映了过多的潜在资源损失。进一步地,较之简单的工作,虽然复杂的工作可以使员工的注意力从工作环境的侵扰中转移到对工作任务本身的投入上(Oldham et al., 1991),但是由努力-恢复模型和资源保存理论可知,更多更全面的资源投入引发了资源的实际损耗螺旋,员工会依赖更多的恢复体验修复流失的资源。

一般而言,创造性任务是多面的、不具体的,也是不服从惯例的,对员工而言,更多的是对新事物的挑战(Amabile, 1983)和对复杂任务的努力应对。产生应激源的工作环境要求员工在工作领域之外获取相关的资源(Amabile, 1983)。因此,面对高度复杂的工作,特别是创造性任务,员工更倾向于参与较多的恢复体验(Oldham & Cummings, 1995),才能够达到简单工作需要的有价值资源的维持和获取的水平。如前所述,恢复体验仍然需要员工投入现有资源才能保护或(和)获取有价值资源。因此,无法产生资源盈余的资源投入加重了员工感知到自身能力的不足、身心的倦怠和信心的受挫,即降低了员工创造力自我效能感。相对地,简单的且低技能要求的工作岗位,并不需要员工非工作时间的过多恢复体验,其对缓解工作应激源而进行的有针对性的资源保护或(和)获取也随之减弱,使员工感知到已经存续的有价值资源足以应对工作中提出的创造性工作要求,这种对自我能力的认可展现了员工较高的创造力自我效能感。

上文从理论视角对工作复杂性在恢复体验与创造力自我效能感之间的相关关系中发挥的作用取得了较为一致的结论,而现有相关的实证文献更多地关注工作要求在不同恢复体验策略与创造力自我效能感之间的相关关系中发挥的作用,并对此作进一步阐

释(de Jonge et al.,2012;张勇和龙立荣,2013)。据此,本书提出以下假设:

假设3a: 工作复杂性对放松体验与创造力自我效能感之间的关系具有调节作用。相对于低工作复杂性,高工作复杂性会减弱放松体验与创造力自我效能感之间的正向关系。

假设3b: 工作复杂性对控制体验与创造力自我效能感之间的关系具有调节作用。相对于低工作复杂性,高工作复杂性会减弱控制体验与创造力自我效能感之间的正向关系。

假设3c: 工作复杂性对掌握体验与创造力自我效能感之间的关系具有调节作用。相对于低工作复杂性,高工作复杂性会减弱掌握体验与创造力自我效能感之间的正向关系。

假设3d: 工作复杂性对心理脱离与创造力自我效能感之间的关系具有调节作用。相对于低工作复杂性,高工作复杂性会减弱心理脱离与创造力自我效能感之间的正向关系。

由假设2a至假设2d的推证以及假设3a至假设3d的推证可知,如果创造力自我效能感可以在放松体验、控制体验、掌握体验和心理脱离与员工创造力之间发挥中介作用,同时,工作复杂性可以调节放松体验、控制体验、掌握体验和心理脱离与创造力自我效能感之间的关系,那么可以进一步推断,工作复杂性可能会通过创造力自我效能感调节放松体验、控制体验、掌握体验和心理脱离与员工创造力之间的关系。换言之,在高强度的工作复杂情形下,整个中介关系会减弱;在低强度的工作复杂情形下,这一关系会增强。据此,本书提出如下假设:

假设4a: 工作复杂性对放松体验与员工创造力之间的中介关系具有调节作用。相对于低工作复杂性,高工作复杂性会减弱创造力自我效能的中介效应。

假设4b：工作复杂性对控制体验与员工创造力之间的中介关系具有调节作用。相对于低工作复杂性，高工作复杂性会减弱创造力自我效能的中介效应。

假设4c：工作复杂性对掌握体验与员工创造力之间的中介关系具有调节作用。相对于低工作复杂性，高工作复杂性会减弱创造力自我效能的中介效应。

假设4d：工作复杂性对心理脱离与员工创造力之间的中介关系具有调节作用。相对于低工作复杂性，高工作复杂性会减弱创造力自我效能的中介效应。

第二节 实 证 设 计

一、研究样本与取样程序

（一）问卷设计

调查问卷设计包括上司问卷和员工问卷（参见附录问卷二）。其中，上司问卷主要包括：（1）个人信息，如姓名（代码）、性别、受教育程度、职位、工作年限等；（2）下属员工的创造力；（3）下属员工的工作复杂性。员工问卷主要包括：（1）个人信息，如姓名（代码）、性别、受教育程度、职位、工作年限等；（2）自我评价的个体创造力；（3）员工的恢复体验；（4）员工的创造力自我效能感。

（二）数据收集

本书采用问卷调查法，样本对象来自第四章第二节中向课题组成员个人关系网络以及同济大学EMBA和MBA发放的问卷。

笔者联系被调研的企业主管，询问其团队规模及参与调研的员工数量。根据反馈的被试信息，分别准备纸质版本和电子版本的配对问卷。(1) 通过参与调研的一部分企业主管，现场发放员工问卷，并由该主管填写主管问卷。所有参与者在其工作间隙内完成问卷，并放入可密封的信封中，最后由主管将主管问卷和员工问卷一并交于笔者。(2) 部分企业主管倾向于电子问卷，所有参与者完成电子问卷后，直接发送到笔者邮箱，并将邮件标题统一格式为"主管姓名＋企业名称"，以此配对主管问卷。对这部分无法进行现场辅导与解答的样本对象，调研人员公布联系方式（包括电子邮箱、电话、微信号、QQ号等），及时对相关问题进行解答与跟踪。此外，调研人员承诺对有兴趣了解本研究议题的员工和主管以电子版的形式回赠本研究的综合性调研报告和研究结论。研究问卷发放时间段从2015年5月开始至2015年8月结束，历时4个月，发放给42位管理者及其下属员工共430份配套问卷。在已发送的问卷中，回收300份，有效回收率为70%，剔除数据不全和无法配对的不良问卷后，获得有效配对问卷共230套，有效率为77%。

（三）样本描述

最终回收样本的基本特征是：在配对样本的230名员工中，样本平均年龄是28.3岁；从性别来看，59.6%是男性，40.4%是女性；从教育水平来看，20%是大专及同等学力，47%是本科及同等学力，33%是硕士及以上学历；从组织层级来看，77.4%是普通员工，13%是基层管理者，8.3%是部门主管，1.3%是高级经理；从工作年限来看，12.2%是一年及以下，31.7%是2—3年，18.7%是4—5年，19.6%是6—9年，17.8%是10年及以上；从岗位部门来看,75.7%是研发部门,3.5%是制造部门,11.3%是销售部门,9.1%是财务部门,0.4%是其他部门;从团队规模来看,15.2%是少于5人,44.8%是5—10人,30.4%是11—20人,9.6%是超过20人。

二、测量工具

主要测量变量包括:员工创造力、恢复体验(心理脱离、放松体验、控制体验、掌握体验)、创造力自我效能感和工作复杂性。除了恢复体验量表,其他量表主要来自国内使用过的国外高被引文献中的成熟量表或者专业量表。除部分变量和控制变量之外,各变量题项均采用李克特5点量表进行测量,以此衡量被试对于各问题的同意程度,"1"至"5"分别代表"非常不同意"到"非常同意"。

员工创造力。采用直接主管他评和员工自评的方式。直接主管他评的方式,参考周和乔治(Zhou & George,2001)开发的量表,包括5个题项(见表5-1),此量表由员工的直接主管对其所管理的团队成员在过去一年中的创造力进行评价。"根据下列题项,请评价在过去一年内,您下属在工作中具备怎么样的特征?",示例题项如"他/她会提出新方法完成工作目标"。员工自评的方式,参考苏布拉马尼亚姆和扬特(Subramaniam & Youndt,2005)开发的量表,包括3个题项(见表5-2),示例题项如"我所提出的想法或建议意味着对现有产品与服务理念的重大偏离"。由相关性分析可知,员工创造力的自评与直接主管他评变量间显著正相关($r=0.223$,$p<0.01$),表明该构念拥有良好的聚合效度。经测量,该量表的信度系数为0.952,表明具有良好的信度。

表 5-1　主管评价员工创造力的量表

测量项目	项目编号	项目描述	参考文献
员工创造力	CRE1	他/她会提出新方法完成工作目标	Zhou & George (2001)
	CRE2	他/她会提出新颖且可行的想法提高其工作绩效	
	CRE3	他/她会发掘新的工艺、流程、技艺或产品想法	
	CRE4	他/她会提出新方法提高工作质量	
	CRE5	他/她是一个装满创意的智慧库	

表 5-2　员工自评创造力的量表

测量项目	项目编号	项目描述	参考文献
员工创造力	CRE6	我所提出的想法或建议意味着对现有产品与服务理念的重大偏离	Subramaniam & Youndt (2005)
	CRE7	我所提出的想法或建议将替代基于目前产品与服务所形成的知识	
	CRE8	我所提出的想法或建议具有颠覆性，而不是对现存关于产品与服务的知识的简单修正	

恢复体验。采用由索南塔格和弗里茨（Sonnentag & Fritz, 2007)开发的,并经本书验证的中国情境下恢复体验的量表,由 4 个子量表构成,共 16 个题项。其中,恢复体验包括心理脱离（见

表 5-3)、放松体验(见表 5-4)、控制体验(见表 5-5)、掌握体验(见表 5-6)4 个潜因子,每个因子各有 4 个题项进行评价。经测量,量表的信度系数为 0.842,表明具有良好的信度。在本章研究中,4 个量表的信度系数依次为 0.93、0.83、0.86 和 0.90,组合信度 CR 值依次为 0.94、0.92、0.90、0.91,表明量表具有良好的信度;平均方差抽取量 AVE 值依次为 0.78、0.61、0.70、0.63,表明量表具有良好的收敛效度。

表 5-3 心理脱离的量表

测量项目	项目编号	项目描述	参考文献
心理脱离	PD1	我能忘记我的工作内容	Sonnentag & Fritz (2007)
	PD2	我一点也不会想起工作内容	
	PD3	我会让自己远离工作	
	PD4	我能在诸多工作事务中得到休息	

表 5-4 放松体验的量表

测量项目	项目编号	项目描述	参考文献
放松体验	RE1	我可以平静下来并放松自己	Sonnentag & Fritz (2007)
	RE2	我做轻松的事情	
	RE3	我花时间放松	
	RE4	我花时间休闲	

表 5-5　控制体验的量表

测量项目	项目编号	项目描述	参考文献
控制体验	CO1	我觉得我能够决定做什么	Sonnentag & Fritz(2007)
	CO2	我决定自己的日程安排	
	CO3	我决定怎么安排我的时间	
	CO4	我以自己的方式处理要做的事情	

表 5-6　掌握体验的量表

测量项目	项目编号	项目描述	参考文献
掌握体验	MA1	我学习新事物	Sonnentag & Fritz(2007)
	MA2	我寻找挑战脑力的任务	
	MA3	我做对我有挑战的事情	
	MA4	我做拓宽视野的事情	

创造力自我效能感。采用蒂尔尼和法默(Tierney & Farmer, 2002)开发的量表,由员工进行自我评价,包括 3 个题项(见表 5-7),示例题项如"我相信自己有能力创造性地解决问题"。经测量,该量表的信度系数为 0.917,表明具有良好的信度。

工作复杂性。参考奥尔德姆等(Oldham et al, 1995)开发的量表,主要由直接上级回答两个问题(见表 5-8)。两个题项分别是"总体而言,这份工作复杂吗?"(1=一点也不复杂,5=非常复杂);"总体而言,员工要经过多少培训以便成功完成这份工作?

(1=极少的培训,5=大量的培训)"。在本研究中,量表的信度系数为 0.721,这表明该量表具有良好的信度。

表 5-7 创造力自我效能感的量表

测量项目	项目编号	项目描述	参考文献
创造力自我效能感	CE1	我相信自己有能力创造性地解决问题	Tierney & Farmer (2002)
	CE2	我相信我有能力产生新颖的并可行的想法	
	CE3	我相信自己有能力精加工或改善他人的想法	

表 5-8 工作复杂性的量表

测量项目	项目编号	项目描述	参考文献
工作复杂性	JC1	总体而言,这份工作复杂吗?	Oldham et al. (1995)
	JC2	总体而言,员工要经过多少培训以便成功完成这份工作?	

控制变量。遵循现有的研究惯例,本书选取员工的性别、年龄、教育水平、组织层级、工作年限、所在部门作为 6 个类别控制变量,具体取值见附录数据收集问卷之问卷二的内容。这些变量虽然不是研究重点,但是可能对恢复体验和创造力产生影响,仍需要在回归模型中进行控制。

第三节 分析结果

一、区别效度的验证性因子分析

为确保主要变量之间的区分效度以及各个测量量表的相应测量参数,本书采用 AMOS21.0 对主要变量进行验证性因素分析,在验证的单因子模型、四因子模型、五因子模型、六因子模型以及七因子模型之间比较各种嵌套模型的拟合。结果表明,七因子模型拟合较好[χ^2(278)=594.987,p<0.01;TLI=0.928,GFI=0.839,CFI=0.937,RMSEA=0.065],而且在统计学意义上显著优于其他嵌套模型的拟合结果,而且其拟合指数都达到了可接受水平(见表 5-9)。由此表明,研究所用量表工具具有良好的区分效度。

表 5-9 变量的验证性因素分析

Model	χ^2	Df	χ^2/Df	TLI	GFI	CFI	RMSEA
七因子模型	594.987	278	1.978	.928	.839	.937	.065
六因子模型[a]	912.760	309	2.954	.854	.753	.872	.092
六因子模型[b]	957.249	309	3.098	.843	.761	.862	.096
六因子模型[c]	1 229.076	309	3.978	.778	.713	.804	.114
五因子模型[d]	1 385.921	314	4.414	.745	.660	.772	.122
五因子模型[e]	1 490.539	314	4.747	.720	.638	.750	.128

续　表

Model	χ^2	Df	χ^2/Df	TLI	GFI	CFI	RMSEA
四因子模型[f]	1 916.745	318	6.028	.625	.562	.660	.148
单因子模型	3 535.803	324	10.913	.260	.411	.317	.208

注：N＝230。七因子模型：心理脱离、放松体验、控制体验、掌握体验、工作复杂性、创造力自我效能感、员工创造力；六因子模型[a]：心理脱离、放松体验、控制体验＋掌握体验、工作复杂性、创造力自我效能、员工创造力；六因子模型[b]：心理脱离＋放松体验、控制体验、掌握体验、工作复杂性、创造力自我效能感、员工创造力；六因子模型[c]：心理脱离、放松体验、控制体验、掌握体验、工作复杂性、创造力自我效能感＋员工创造力；五因子模型[d]：心理脱离＋控制体验＋掌握体验、放松体验、工作复杂性、创造力自我效能感、员工创造力；五因子模型[e]：心理脱离、放松体验＋控制体验＋掌握体验、工作复杂性、创造力自我效能感、员工创造力；四因子模型[f]：心理脱离＋放松体验＋控制体验＋掌握体验、工作复杂性、创造力自我效能感、员工创造力；单因子模型：心理脱离＋放松体验＋控制体验＋掌握体验＋工作复杂性＋创造力自我效能感＋员工创造力。

如前所述，七个变量的数据来自员工及其主管两个来源，这在一定程度上缓解了共同方法偏差影响，而且对其进行的验证性因子分析也表明这些构念具有良好的区分效度，从而也说明了共同方法偏差问题并不严重。进一步地，针对由员工自我评价的四种恢复体验和创造力自我效能感这五个构念进行了哈曼（Harman）单因子检验。该方法是指单因子模型的拟合结果可以反映数据是否存在严重的共同方法偏差问题，即如果单因子模型的拟合结果最佳，则数据存在严重的共同方法偏差问题。统计结果显示，单因子模型的拟合效果[$\chi^2(152)=2\ 011.365$, $p<0.01$；TLI＝0.341，GFI＝0.436，CFI＝0.414，RMSEA＝0.231]很差，五因子模型的拟合效果[$\chi^2(142)=402.385$, $p<0.01$；TLI＝0.901，GFI＝0.851，CFI＝0.918，RMSEA＝0.070]较好，这说明共同方差偏差问题处于可控水平。由此可知，在研究中共同方法偏差问

题得到了较好的控制。

二、描述性统计与相关性分析

利用 SPSS20.0 软件对变量的均值、标准差和变量间相关性进行分析(见表 5-10)。由表 5-10 可知,放松体验($\beta=0.18$,$p<0.01$)、控制体验($\beta=0.20$,$p<0.01$)、掌握体验($\beta=0.21$,$p<0.01$)和心理脱离($\beta=0.19$,$p<0.01$)分别与员工创造力呈显著正相关关系;放松体验($\beta=0.22$,$p<0.01$)、控制体验($\beta=0.50$,$p<0.01$)、掌握体验($\beta=0.55$,$p<0.01$)分别与创造力自我效能感呈显著正相关关系;工作复杂性与员工创造力($\beta=0.29$,$p<0.01$)呈现显著正相关;创造力自我效能感与员工创造力($\beta=0.32$,$p<0.01$)呈现显著正相关。

三、假设检验结果

本节主要采用层次回归方法来进行假设的验证。

主效应验证。假设 1a、假设 1b、假设 1c、假设 1d 提出了放松体验、控制体验、掌握体验和心理脱离对员工创造力产生显著的影响。该假设的检验首先将所有控制变量放入回归方程中,再将自变量放松体验、控制体验、掌握体验、心理脱离一次方项放入回归方程中,最后将心理脱离平方项放入回归方程中分析。回归结果如表 5-11 所示,由模型 6 得出,放松体验对员工创造力具有显著的正向作用(M6,$\beta=0.16$,$p<0.05$),平方负相关系数(R^2)的变化量达到了显著水平,故假设 1a 得到验证;控制体验对员工创造力具有显著的正向作用(M6,$\beta=0.18$,$p<0.05$),平方负相关系数(R^2)的变化量达到了显著水平,故假设 1b 得到验证;掌握体验对员工创造力具有显著的正向作用(M6,$\beta=0.21$,$p<0.01$),平

表 5-10 变量的描述性统计分析和相关分析

变 量	1	2	3	4	5	6	7	8	9	10	11	12	13
1. 年龄	—												
2. 性别	−.04	—											
3. 教育水平	−.06	−.06	—										
4. 组织层级	.29**	.13*	.14*	—									
5. 工作年限	.70**	.02	−.37**	.27**	—								
6. 岗位部门	.09	−.15*	−.36**	−.22**	.22**	—							
7. 放松体验	−.03	−.04	.02	.02	−.13*	.09	(.91)						
8. 控制体验	.03	−.06	.19**	.22**	−.02	−.08	.33**	(.90)					
9. 掌握体验	−.08	−.06	.21**	.19**	−.17*	−.15*	.30**	.55**	(.88)				
10. 心理脱离	−.02	−.07	−.05	−.02	−.02*	.05	.43**	.11	.40**	(.86)			
11. 工作复杂性	.12	.19**	.14*	.28**	.12	−.15*	−.07	.15*	.12	−.14*	(.72)		

续 表

变 量	1	2	3	4	5	6	7	8	9	10	11	12	13
12. 创造力自我效能感	−.03	.05	.26**	.16*	−.10	−.16*	.22**	.50**	.55**	.10	.13*	(.92)	
13. 员工创造力	−.05	.14*	−.04	.16*	.11	.01	.18**	.20**	.21**	.19**	.29**	.32**	(.95)
均值	28.28	.60	2.13	1.33	2.99	3.57	3.77	3.81	3.81	3.16	4.54	3.78	3.16
标准差	.49	4.68	.72	.68	1.31	1.69	0.95	.90	.81	1.04	1.17	.88	.78

注：N=230；**、* 分别表示 $p<0.01$，$p<0.05$，下同；括号内的数据为 Cronbach's α 值。

表 5-11 中介效应的层级回归结果[a]

变量	创造力自我效能感				员工创造力				
	模型 1	模型 2	模型 3	模型 4	模型 5	模型 6	模型 7	模型 8	模型 9
性别	.04	.05	.07	.08	.11	.12	.11	.10	.11
年龄	−.09	−.06	−.07	−.06	−.32**	−.31**	−.30**	−.30**	−.30**
教育水平	.24**	.15*	.19	.18	.09	.06	.08	.02	.02
组织层级	.13	−.01	.07	.08	.15	.09	.11	.11	.10
工作年限	.02	.08	.02	.01	.32**	.35**	.34**	.31**	.33**
岗位部门	−.04	−.04	.15	.13	.04	.04	.02	.05	.05
放松体验		.16*				.16*	.15*		.01
控制体验		.27**				.18*	.18*		.03
掌握体验		.37**				.21**	.22*		.07
心理脱离		.19*	.43**	.42**		.19*	.10		.07

132

续　表

变　量	创造力自我效能感				员工创造力				
	模型 1	模型 2	模型 3	模型 4	模型 5	模型 6	模型 7	模型 8	模型 9
心理脱离²							−.19*		
创造力自我效能感								.30**	0.24**
R^2	.09	.39	.31	.32	.10	.15	.19	.17	.18
F值	3.68**	13.433**	12.16**	11.51**	3.70**	3.70**	4.50**	6.48**	4.35**
ΔR^2	.09	.30	.01	.02	.09	.06	.04	.08	0.04
ΔF	3.68**	26.36**	2.56*	4.72*	3.65**	3.53**	10.83**	21.435**	9.35**
最大VIF	2.97	3.15	3.23	3.24	2.97	3.15	3.15	2.97	3.16

注：a 表格中为标准化系数值。

方负相关系数(R^2)的变化量达到了显著水平,故假设1c得到验证;心理脱离平方项的主效应显著且回归系数为负值(M7,$\beta=-0.19$,$p<0.05$),平方负相关系数(R^2)的变化量达到了显著水平,这表明心理脱离与员工创造力之间为倒U型关系,故假设1d得到验证。

中介效应验证。假设3a、假设3b、假设3c和假设3d提出了创造力自我效能感在恢复体验不同维度与员工创造力之间发挥着中介作用。为了验证创造力自我效能感的中介作用,采用巴伦和肯尼(Baron & Kenny,1986)的中介效应分析步骤。层次回归的结果如表5-11所示。首先,放松体验对员工创造力具有显著的正向作用(M6,$\beta=0.16$,$p<0.05$);控制体验对员工创造力具有显著的正向作用(M6,$\beta=0.18$,$p<0.05$);掌握体验对员工创造力具有显著的正向作用(M6,$\beta=0.21$,$p<0.05$);心理脱离一次方项对员工创造力具有显著的正向作用(M6,$\beta=0.19$,$p<0.05$);创造力自我效能感对员工创造力(M8,$\beta=0.30$,$p<0.01$)具有显著的正向影响。其次,放松体验对创造力自我效能感具有显著的正向作用(M2,$\beta=0.16$,$p<0.05$);控制体验对创造力自我效能感具有显著的正向作用(M2,$\beta=0.27$,$p<0.01$);掌握体验对创造力自我效能感具有显著的正向作用(M2,$\beta=0.37$,$p<0.01$);心理脱离对创造力自我效能感具有显著的正向作用(M2,$\beta=0.19$,$p<0.05$)。最后,加入了中介变量创造力自我效能感后,放松体验(M9,$\beta=0.01$,n.s)、控制体验(M9,$\beta=0.03$,n.s)、掌握体验(M9,$\beta=0.07$,n.s)和心理脱离(M9,$\beta=0.07$,n.s)分别对员工创造力的正向作用不显著了,而创造力自我效能感对员工创造力(M9,$\beta=0.24$,$p<0.01$)依然具有显著的正向影响。由此可得:创造力自我效能感在放松体验、控制体验、掌握

体验和心理脱离分别与员工创造力的关系中发挥了完全中介作用,假设2a、假设2b、假设2c和假设2d得到了一定的验证。为了进一步检验中介效应,本节运用Sobel的方法验证中介效应的显著性。结果分析表明,放松体验与员工创造力($Z=2.94$, $p<0.01$)之间发挥显著的中介作用;控制体验与员工创造力($Z=3.12$, $p<0.01$)之间发挥显著的中介作用;掌握体验与员工创造力($Z=3.74$, $p<0.01$)之间发挥显著的中介作用;心理脱离与员工创造力($Z=3.07$, $p<0.01$)之间发挥显著的中介作用。因此,假设2a、假设2b、假设2c和假设2d得到验证。

调节效应验证。假设3a、假设3b、假设3c和假设3d提出了工作复杂性对放松体验、控制体验、掌握体验、心理脱离分别与创造力自我效能感之间具有调节作用。首先,在回归模型中放入创造力自我效能感作为因变量;然后,依次引入控制变量、自变量和调节变量;最后,加入自变量和调节变量的乘积项。为了避免多重共线性,自变量与调节变量均作了标准化处理,以便构造自变量和调节变量的乘积项。层次回归的结果如表5-12所示,放松体验与工作复杂性之间的乘积项会对创造力自我效能感产生显著的负向影响(M6, $\beta=-0.24$, $p<0.01$)。这表明,工作复杂性越高,放松体验与员工创造力自我效能感之间的正向关系就越弱,假设3a得到验证。控制体验与工作复杂性之间的乘积项会对创造力自我效能感产生显著的负向影响(M7, $\beta=-0.16$, $p<0.05$)。这表明,工作复杂性越高,控制体验与员工创造力自我效能感之间的正向关系就越弱,假设3b得到验证。掌握体验与工作复杂性之间的乘积项会对创造力自我效能感产生显著的负向影响(M8, $\beta=-0.18$, $p<0.01$)。这表明,工作复杂性越高,掌握体验与员工创造力自我效能感之间的正向关系就越弱,假设3c得到验证。心理

"过劳人"的创造力从何而来

表 5-12 调节效应层级回归分析结果[b]

变量	创造力自我效能								
	模型 1	模型 2	模型 3	模型 4	模型 5	模型 6	模型 7	模型 8	模型 9
性别	.04	.03	.75	.01	.04	.05	.07	.01	.05
年龄	−.09	−.12	−.05	−.07	−.08	−.11	−.04	−.07	−.07
教育水平	.24**	.24	.15*	.17**	.24**	.22**	.15*	.16*	.21**
组织层级	.13	.09	.02	.01	.11	.09	.03	.03	.10
工作年限	.02	.08	.01	.10	.02	.07	.01	.09	.01
岗位部门	−.04	−.07	−.05	−.03	−.04	−.09	−.06	−.05	−.04
放松体验		.23**	.47**	.52**					
控制体验					.13*	.27**	.30**		
掌握体验								.50**	
心理脱离									.13*

136

续 表

变量	创造力自我效能感								
	模型 1	模型 2	模型 3	模型 4	模型 5	模型 6	模型 7	模型 8	模型 9
工作复杂性	.09	.05	.02	.03	.08	.09	.04	.04	.11
放松体验×工作复杂性						−.24**			
控制体验×工作复杂性							−.16*		
掌握体验×工作复杂性								−.18**	
心理脱离×工作复杂性									−.17**
R^2	.90	.14	.29	.33	.11	.20	.39	.40	.14
F 值	3.68**	4.65**	11.50**	13.84**	6.44**	6.04**	10.37**	12.61**	8.97**
ΔR^2	.90	.05	.20	.24	.02	.06	.10	.07	.03
ΔF	3.68**	7.00**	31.90**	40.43**	13.57**	14.8**	18.25**	20.17**	17.42*
最大 VIF	2.97	3.13	3.02	3.05	3.02	3.13	3.02	3.01	3.03

注：b 表格中为标准化系数值。

脱离与工作复杂性之间的乘积项会对创造力自我效能感产生显著的负向影响(M9,$\beta=-0.17$,$p<0.01$)。这表明,工作复杂性越高,心理脱离与员工创造力自我效能感之间的正向关系就越弱,假设3d得到验证。

为了进一步检验具体的调节结果,本节采用艾肯和韦斯特(Aiken & West,1991)的方法,进行简单斜率分析,即分别以高于均值一个标准差和低于均值一个标准差为基准描绘了从事不同复杂性工作的员工分别参与放松体验、控制体验、掌握体验和心理脱离所产生的创造力自我效能感水平的差异,见图5-2、图5-3、图5-4和图5-5。结果表明,在高工作复杂性的情况下,放松体验、控制体验、掌握体验和心理脱离分别与创造力自我效能感之间的正向关系增强。

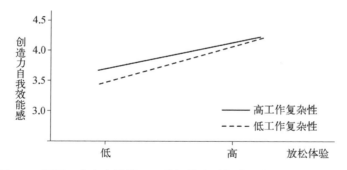

图5-2 不同工作复杂性情况下放松体验对创造力自我效能感的差异

有调节的中介效应。假设4a、假设4b、假设4c和假设4d分别提出了工作复杂性对恢复体验不同维度与员工创造力之间的中介关系具有调节作用,即相对于低工作复杂性,高工作复杂性会减弱创造力自我效能的中介效应。为了检验上述理论假设,本节采用爱德华和兰伯特(Edwards & Lambert,2007)的有调节的中介

第五章　恢复体验对员工创造力的影响机制：个体间层面的研究

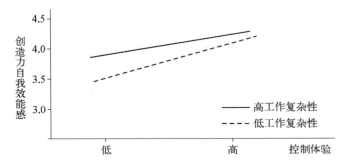

图 5-3　不同工作复杂性情况下控制体验对创造力自我效能感的差异

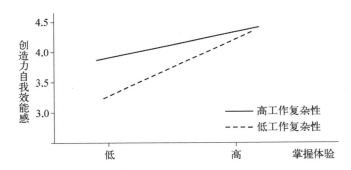

图 5-4　不同工作复杂性情况下掌握体验对创造力自我效能感的差异

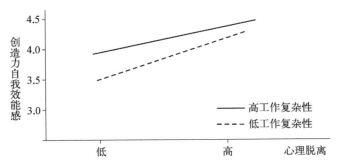

图 5-5　不同工作复杂性情况下心理脱离对创造力自我效能感的差异

效应检验方法估计在高工作复杂性和低工作复杂性情境下恢复体验不同维度变量对员工创造力的间接效应及其差异的显著性。具体而言,将按照四个步骤进行操作:(1)自变量对因变量具有显著作用;(2)自变量和调节变量的交互项分别对中介变量和因变量具有显著作用;(3)中介变量对自变量具有显著作用;(4)在高工作复杂性和低工作复杂性的情况下,自变量对因变量的间接效应具有显著差异(Edwards & Lambert,2007;Muller et al.,2005)。

从恢复体验不同维度分别说明有调节的中介效应。(1)由表5-11可知,放松体验对员工创造力具有显著的正向作用(M6,$\beta=0.16$,$p<0.05$),这表明,放松体验对员工创造力的整体效应是显著的。由表5-12可知,放松体验与工作复杂性的交互项对创造力自我效能感具有显著的负向作用(M6,$\beta=-0.24$,$p<0.01$),这表明,工作复杂性调节中介效应的第一阶段是显著的。由表5-11可知,创造力自我效能感对员工创造力具有显著的正向作用(M8,$\beta=0.30$,$p<0.01$),这表明,创造力自我效能感对员工创造力的平均效应是显著的。由此可知,有调节的中介效应的成立的条件已满足三条,第四个必要条件是检验在高工作复杂性和低工作复杂性的情况下,放松体验对员工创造力的间接效应是否显著差异。本节采用有调节的路径分析(Edwards & Lambert,2007),用拔靴(bootstrapping)1 000样本数计算偏差置信区间(bias-corrected confidence interval)。结果表明:在高工作复杂性情况下的间接效应($\beta=-0.23$,$p<0.01$)不同于在低工作复杂性情况下的间接效应($\beta=-0.05$,n.s.),但是二者的差异不显著(difference=-0.18,n.s.)。因此,假设2a不成立。(2)由表5-11可知,控制体验对员工创造力具有显著的正向作用(M6,$\beta=0.18$,$p<$

0.05),这表明,控制体验对员工创造力的整体效应是显著的。由表 5-12 可知,控制体验与工作复杂性的交互项对创造力自我效能感具有显著的负向作用(M6,$\beta=-0.16$,$p<0.01$),这表明,工作复杂性调节中介效应的第一阶段是显著的。由表 5-11 可知,创造力自我效能感对员工创造力具有显著的正向作用(M8,$\beta=0.30$,$p<0.01$),这表明,创造力自我效能感对员工创造力的平均效应是显著的。此外,拔靴法的分析结果表明,在高工作复杂性情况下的间接效应($\beta=-0.03$,n.s.)不同于在低工作复杂性情况下的间接效应($\beta=-0.02$,n.s.),但是二者的差异不显著(difference$=-0.01$,n.s.)。因此,假设 2b 不成立。(3) 由表 5-11 可知,掌握体验对员工创造力具有显著的正向作用(M6,$\beta=0.21$,$p<0.01$),这表明,掌握体验对员工创造力的整体效应是显著的。由表 5-12 可知,掌握体验与工作复杂性的交互项对创造力自我效能感具有显著的负向作用(M8,$\beta=-0.18$,$p<0.01$),这表明,工作复杂性调节中介效应的第一阶段是显著的。由表 5-11 可知,创造力自我效能感对员工创造力具有显著的正向作用(M8,$\beta=0.30$,$p<0.01$),这表明,创造力自我效能感对员工创造力的平均效应是显著的。此外,拔靴法的分析结果表明:在高工作复杂性情况下的间接效应($\beta=-0.03$,n.s.)不同于在低工作复杂性情况下的间接效应($\beta=-0.20$,$p<0.05$),但是二者的差异不显著(difference$=0.17$,n.s.)。因此,假设 2c 不成立。(4) 由表 5-11 可知,心理脱离对员工创造力具有显著的正向作用(M6,$\beta=0.19$,$p<0.05$),这表明,心理脱离对员工创造力的整体效应是显著的。由表 5-12 可知,心理脱离与工作复杂性的交互项对创造力自我效能感具有显著的负向作用(M9,$\beta=-0.17$,$p<0.01$),这表明,工作复杂性调节中介效应的第一阶段

是显著的。由表5-11可知,创造力自我效能感对员工创造力具有显著的正向作用(M8,$\beta=0.30$,$p<0.01$),这表明,创造力自我效能感对员工创造力的平均效应是显著的。此外,拔靴法的分析结果表明:在高工作复杂性情况下的间接效应($\beta=-0.03$, n.s.)不同于在低工作复杂性情况下的间接效应($\beta=-0.11$, n.s.),但是二者的差异不显著(difference=0.08, n.s.)。因此,假设2d不成立。

基于恢复理论和创造力理论之间的联系,本书指出了以往对恢复体验积极作用的疏漏,提出了员工在非工作情景下的恢复体验是激发其创造力的一条重要途径。本节采用横截面研究,以230名中国企业员工及其直接主管的配对样本为数据。研究表明,放松体验、控制体验、掌握体验与员工创造力呈显著正向关系,而心理脱离与员工创造力具有非线性相关关系;创造力自我效能感分别在放松体验、控制体验、掌握体验、心理脱离与员工创造力的关系中发挥着完全中介作用;工作复杂性分别负向调节放松体验、控制体验、掌握体验、心理脱离与创造力自我效能感之间的关系。在研究结论中有两点是值得讨论的:其一,心理脱离对员工创造力的曲线效应是成立的,心理脱离通过创造力自我效能感的完全中介作用促进员工创造力的研究结果,一方面说明,创造力自我效能感不能揭示心理脱离对员工创造力的曲线效应;另一方面说明,创造力自我效能感的中介作用对心理脱离的作用过程有着不同于其他恢复心理策略的解释力度,也为未来研究方向拓展了思路,也就是说,心理脱离对员工创造力的作用机制是相对复杂的,引入与创造力自我效能感作用相反的构念可能有助于解决现有研究结果反映的新现象。其二,工作复杂性通过自我效能感的中介作用,发挥对放松体验、控制体验、掌握体验、心理脱离与员工创造力之间关系的调节作用是不显著的。具体假设与实证结果见表5-13。

表5-13 假设与实证结果一览表

研究问题	研 究 假 设	结果
恢复体验对员工创造力的直接作用	H1a：放松体验对员工创造力产生显著的正向影响	支持
	H1b：控制体验对员工创造力产生显著的正向影响	支持
	H1c：掌握体验对员工创造力产生显著的正向影响	支持
	H1d：心理脱离与突破性创造力之间存在倒U型的相关关系	支持
创造力自我效能感的中介作用	H2a：放松体验对员工自我效能感产生正向作用，并进而影响员工创造力	支持
	H2b：控制体验对员工自我效能感产生正向作用，并进而影响员工创造力	支持
	H2c：掌握体验对员工自我效能感产生正向作用，并进而影响员工创造力	支持
	H2d：心理脱离对员工自我效能感产生正向作用，并进而影响员工创造力	支持
工作复杂性调节作用	H3a：工作复杂性对放松体验与员工创造力之间的关系具有负向的调节作用	支持
	H3b：工作复杂性对控制体验与员工创造力之间的关系具有负向的调节作用	支持
	H3c：工作复杂性对掌握体验与员工创造力之间的关系具有负向的调节作用	支持
	H3d：工作复杂性对心理脱离与员工创造力之间的关系具有负向的调节作用	支持

续 表

研究问题	研 究 假 设	结果
工作复杂性的被中介的调节作用	H4a：工作复杂性对放松体验与员工创造力之间的中介关系具有调节作用	不支持
	H4b：工作复杂性对控制体验与员工创造力之间的中介关系具有调节作用	不支持
	H4c：工作复杂性对掌握体验与员工创造力之间的中介关系具有调节作用	不支持
	H4d：工作复杂性对心理脱离与员工创造力之间的中介关系具有调节作用	不支持

第六章

周末恢复体验与每周员工创造力的影响关系：个体内层面的研究

第一节 实证框架

本书第五章从静态的视角，采用横截面的研究设计，从个体间层面验证了特质性恢复体验对员工创造力的作用机制。由研究结论可知，在有挑战性工作特征的约束下，高恢复体验得分的员工会比低恢复体验得分的员工体验到更高的创造力水平。索南塔格和弗里茨（Sonnnentag & Fritz, 2007）在最早提出恢复体验概念时就已指出，恢复体验是指一个心理过程（具有动态性的起伏和涨落，会随着外部环境发生波动）。换言之，恢复体验状态性构念层面很难从个体间水平上得到体现，也无法较好地解释其短期波动效应。与此同时，创造力领域的研究者们强调，从动态视角在个体内部探究员工创造力的影响机制具有重要的理论和实践意义（Bledow et al., 2013; Amabile et al., 2003）。在统计技术方面，多层线性模型在组织和工作健康领域也得到了广泛应用。因此，如何更好地解释现象——状态性恢复体验的差异如何影响跨越以工作周为单位的员工创造力水平，是需要进一步解决的问题。

在工作恢复领域中,针对个体普遍地追求从工作中心理脱离、放松、学习新事物等恢复策略的研究是较为基础的研究探索,缺乏深层次的理论意义(Sonnentag & Fritz,2015;Binnewies et al.,2010)。现有一些研究者认为,恢复体验是稳定的、持久的、具有倾向性的积极恢复状态,并且表现在个体间差异所产生的不同影响因素、结果和中间机理。值得说明的是,基于该视角的研究不能清晰地解释员工个体内动态作用的过程。另一些研究者进一步拓展了研究深度,他们认为恢复体验是个体内水平差异变量,从动态的视角探讨员工整体恢复体验水平在每天或每周恢复体验和绩效行为的差异。实证研究表明,恢复体验水平在个体内部会以工作周(Binnewies et al.,2010)和工作日(Brummelhuis & Bakker,2012;Demerouti et al.,2012;Sonnentag & Bayer,2005)为单位发生波动,且80%的方差能够归因于个体内部的差异(Sonnentag,2003;ten Brummelhuis & Bakker,2012;Demerouti et al.,2012;Sonnentag et al.,2008;Sonnentag & Bayer,2005);因为日常恢复机会可能依赖员工在每一个具体工作单位中已投入的努力、可利用的休闲时间以及特定的情境约束等。

采用动态视角研究状态性恢复体验在个体内部层面上对员工创造力的短期波动效应,概念模型如图6-1所示。具体而言,本章以周为时间单位,检验周末恢复体验对每周员工创造力的短期直接影响,并且采用多层次线性模型分别检验创造力自我效能感和工作复杂度对周末恢复体验与每周员工创造力之间关系的权变作用。

第六章　周末恢复体验与每周员工创造力的影响关系：个体内层面的研究

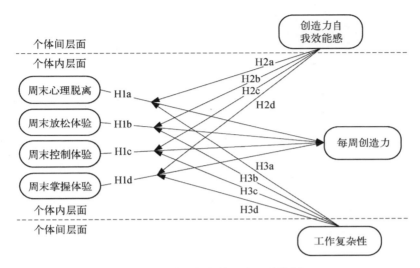

图 6-1　动态视角的研究理论模型

一、周末恢复体验对每周员工创造力的直接作用

如上文所述，基于资源保存理论和努力-恢复理论，特质性恢复体验对员工创造力的直接作用主要通过保护现有的或（和）获取新的有价值的资源，补充了员工的专业相关技能和创造力技能所需要的多样性资源。进一步地，从压力恢复和情感视角上讨论放松体验、心理脱离、掌握体验和控制体验对员工创造力的影响效果。此外，第五章的研究结果也证实了一般水平的放松体验、掌握体验和控制体验对员工创造力具有积极的作用，而心理脱离与员工创造力具有倒 U 型关系。上述理论讨论和实证结果为状态性恢复体验对员工创造力的短期波动作用的逻辑推证提供了一定的理论和实践基础。

除了第五章实证结论的支持，现有研究结论也为此提供了充足的实证论据,主要表现在两个方面。一方面,基于个体间视角,一些研究成果提供了特质性恢复体验与员工创造力之间直接关系的实证支持。学者们采用横截面数据构筑了恢复体验与员工创造力之间的关系(Eschleman et al.,2014;de Jong et al.,2012)。换言之,这些实证研究的关注点是恢复体验的长期稳定性的作用机制。

另一方面,基于个体内部变化的视角,其他研究(Binnewies et al.,2010;Sonnentag,2003;ten Brummelhuis & Bakker,2012;Demerouti et al.,2012;Sonnentag & Bayer,2005;van Hoff,2013;Park et al.,2015;Bakker et al.,2013;Mojza et al.,2010;Trougakos et al.,2014;Dimotakis et al.,2011;Dimotakis et al.,2011)以周或日为不同时间截面,检验了恢复体验与结果变量之间的关系。例如,宾纽斯、索南塔格和莫伊扎(Binnewies,Sonnentag & Mojza,2010)以周为时间单位,在4个周内对133名德国员工的调研样本检验了恢复体验的短期波动对工作绩效的影响。研究结果表明,周末心理脱离和放松体验对每周个体主动性有间接的积极作用;周末放松体验对个体感知的工作努力有间接的负向作用。登布鲁梅尔赫伊斯和巴克(ten Brummelhuis & Bakker,2012)以5个连续日中的74名员工的调研数据进行研究。结果表明,恢复活动通过从工作中心理脱离和放松体验的作用增强了员工第二天上午的活力。此外,晚上时间能从工作中脱离的员工会体验到更高水平的活力(Demerouti et al.,2012)以及积极心境和睡觉时低水平的倦怠(Sonnentag & Bayer,2005)。由此可见,现有研究结论都支持了状态性恢复体验的短期波动效果。从个体内部变化的视角来看,就状态性恢复体验对员工创造力的短期波动效应而言,虽然没有直接的证据表

第六章 周末恢复体验与每周员工创造力的影响关系：个体内层面的研究

明二者之间的关系，但是本书认为，状态性恢复体验在员工的日常工作中可能通过保存和获取情感资源与员工创造力之间具有积极的相关关系，这一分析在当前从动态视角研究创造力的一些文献中得以证实。阿马比尔等（Amabile et al.，2003）在"The T. E. A. M. Study: Events that Infulence Creativity"项目中，通过对访谈资料的分析初步探讨了日常员工创造力的变化。阿马比尔等（Amabile et al.，2005）采用日志研究法，基于7家企业的222份员工样本数据，具体考察了在一段时间内项目团队成员的每日创造性绩效。结果显示，积极情感与创造力之间呈线性相关关系，即被试经历的积极事件越多，体验到的积极情感水平越高，进而获得较好的创造性绩效。在近期的研究中，布雷多、罗新和弗雷塞（Bledow, Rosing & Frese, 2013）对时间维度上的情感与创造力之间的关系这一问题的研究又深入考察了积极情感与消极情感的动态交互作用对创造力的影响：首先，采用经验取样法对102份全日制员工样本数据的分析验证了预期假设，即情感转换（affective shift）有利于员工创造力的提升；然后，采用以80名学生为被试的实验法验证了情感转换与创造力之间的因果关系。值得注意的是，由这些研究可知员工日常创造力水平波动的问题值得深入挖掘。更为重要的是，由工作恢复理论可知，日常恢复体验可以保存和获取情感资源（Hobfoll，1989；Meijman & Mulder，1998）；而心境和情绪等情感资源与员工日常创造力的波动具有紧密的相关关系。

综合上述理论分析及相关研究结果可知，状态性恢复体验会对员工创造力产生一定的影响。据此，本书提出如下假设：

假设1a：周末心理脱离对每周员工创造力产生显著的正向影响。

假设 1b：周末放松体验对每周员工创造力产生显著的正向影响。

假设 1c：周末控制体验对每周员工创造力产生显著的正向影响。

假设 1d：周末掌握体验对每周员工创造力产生显著的正向影响。

二、创造力自我效能感的跨层次调节作用

创造力自我效能感是指个体对自己有能力在工作领域内产生创造性结果的信念（Tierney & Farmer，2002）。创造力自我效能感可以理解为在特定的创造力领域内，员工对自己参与创造性活动及行为结果的能力的判断。蒂尔尼和法默（Tierney & Farmer，2002）认为，个体依据对自身和环境资源以及一些约束条件的评估结果，判断其创造力自我效能感的水平。换言之，高水平的创造力自我效能感可以识别和整合个体自身所具有的积极资源（如积极情绪、活力等）以及判定这些资源有助于迎接挑战性和不确定的工作任务，进而产生创造性结果。

区别于个体间层面上恢复体验的作用机制，在个体内部，恢复体验与员工创造力之间的关系强度可能会取决于个体创造力自我效能感的水平。班杜拉（Bandura，1997）认为，自我效能感会影响个体寻找应对挑战和困境策略的内在动机。由社会认知理论可知，自我效能感影响个体的情感过程和工作应激。这意味着，面对工作中创造性任务或挑战性困难，创造力自我效能感决定了个体的应激状态、焦虑反应和抑郁程度等情感过程，以及个体采取的应对策略的差异，尤其是相应短暂的情感唤起。具体而言，高水平的创造力自我效能感有助于员工在具体的创造性任务中对自身和环

境进行准确的评估，使员工倾向于采取问题定向的环境应对策略，减少自身资源的损耗，特别是及时处理创造性任务所需要的情感资源和压力应对(Ford, 1996; Woodman et al., 1993; Amabile et al., 2002)。而创造力自我效能感弱的员工，则怀疑自己应对、控制环境的潜在威胁的能力，因而体验到有害的应激状态和焦虑唤起，并倾向于采用退缩策略被动地解决困境。

相比创造力自我效能感低的员工，创造力自我效能感高的员工在工作日中可以有效地规避自身有价值资源的螺旋损耗，特别是缓冲创造力压力所产生的对个体认知、情感、身体等方面的反应。这意味着高创造力自我效能感的这一功能使员工在周末可以选择合适的恢复策略并获得充分的恢复体验，促进个体的身心健康与积极情感，进而促进日常创造力(van Dyne et al., 2002; Amabile et al., 2005; Ford, 1996; George & Zhou, 2002, 2007; Madjar et al., 2002; Zhou & George, 2001)。因为具有高创造力自我效能感的员工相信他们能够以良好的身心状态并整合资源参与创造性过程，所以积极情绪资源、活力和生理能量会更多地投入创造性活动，进而促进工作创造力而不单单是提高任务绩效。本书认为，对于高水平创造力自我效能感的个体而言，周末恢复体验与每周员工创造力之间在个体内层面上的相关关系会增强，相反，对于低水平创造力自我效能感的个体而言，周末恢复体验与每周员工创造力之间在个体内层面上的相关关系会减弱。因此，高创造力自我效能感的员工在周末充分的放松体验更有利于其在工作日中提高创造力水平。据此，本书提出如下假设：

假设2a：创造力自我效能感调节心理脱离与员工创造力在个体内层面上的相关关系，即相对于低创造力自我效能感的员工，高创造力自我效能感的员工的心理脱离与员工创造力之间的正向关系会增强。

假设 2b：创造力自我效能感调节放松体验与员工创造力在个体内层面上的相关关系，即相对于低创造力自我效能感的员工，高创造力自我效能感的员工的周末放松体验与员工创造力之间的正向关系会增强。

假设 2c：创造力自我效能感调节掌握体验与员工创造力在个体内层面上的相关关系，即相对于低创造力自我效能感的员工，高创造力自我效能感的员工的掌握体验与员工创造力之间的正向关系会增强。

假设 2d：创造力自我效能感调节控制体验与员工创造力在个体内层面上的相关关系，即相对于低创造力自我效能感的员工，高创造力自我效能感的员工的控制体验与员工创造力之间的正向关系会增强。

三、工作复杂性的跨层次调节作用

周末恢复体验与每周员工创造力之间的关系会受到工作复杂性的调节作用，可以由特征激活理论进行解释。工作复杂性是工作情境强度的一个重要因素，特征激活理论为工作复杂性对周末恢复体验与每周员工创造力之间的关系的调节作用提供了理论支撑。

工作情境依其强度可以分为强情境和弱情境(Mischel, 1977; Tett & Burnett, 2003)。在工作场所中，强情境指的是在该情境下，许多工作要求和压力会约束并规范个体相对一致地"既有意愿又有能力展示他们的一系列行为"(Barrick & Mount, 1993)。相反，弱情境则是指在该情境下对个体行为产生影响的工作要求和压力较少，具有不同特征的个体可以具有相对多的个体资源决定自己的行为表现(Barrick & Mount, 1993)。

在组织背景中,工作复杂性已经被作为最合适的情境强度的指标(Baer et al.,2003;Shalley & Blum,2009;陈晨、时勘和陆佳芳,2015;席猛等,2015)。工作复杂性是一种工作特征,指工作具体内容的复杂程度,涵盖了工作特征中的工作数量、质量、任务困难程度等工作要求(Hackman & Oldham,1975;Joo & Lim,2009)。相应地,工作复杂性衡量情境对工作中个体行为表现的规定和约束(强情境)或允许(弱情境)的程度。从工作要求的视角看,高水平的工作复杂性表明工作中的一种强情境,而低水平的工作复杂性表明工作中的一种弱情境。

基于情境强度对个体因素和行为之间关系的调节作用(Li et al.,2015;Beaty, Cleveland & Murphy,2001;Barrick & Mount,1993),本书认为,表示情境强度的工作复杂性调节着周末恢复体验与每周员工创造力之间的关系。在周末参与恢复体验能够为个体提供更多的资源,也就是,比平时表现出更好的任务绩效以及参与创造性过程的能力。但是,工作情境可能约束或促进个体利用周末充分的资源恢复并提高每周员工创造力水平。高复杂性的工作使得个体选择匹配问题解决和目标实现的适当的策略。因此,工作复杂性决定了个体调整其创造性水平的可能性。

如果员工在周末得到充分恢复,在低工作复杂性水平,他/她能够以最有效或灵活的方式使用增加的资源来安排任务。相应地,具有高水平恢复体验的员工,在低工作复杂性环境中能够增加创造力水平。进一步地,如果他们恢复体验较低,具有高水平工作复杂性的个体可能特意降低他们的日常绩效,比如,通过拖沓任务或者减少某一天的工作量。高工作复杂性约束了个体通过自由使用自身资源的方式安排任务的可能性。工作中创造性的想法或者困难的任务往往不是岗位的基本要求,也不是必须完成,在个体恢复不好的情况下,他/她可以放弃角色外的工作任务,进而降低员工创造力。

据此,本书提出如下假设:

假设3a:工作复杂性调节心理脱离与员工创造力在个体内层面上的相关关系,即相对于低工作复杂性,高工作复杂性会减弱周末心理脱离与每周员工创造力之间的正向关系。

假设3b:工作复杂性调节放松体验与员工创造力在个体内层面上的相关关系,即相对于低工作复杂性,高工作复杂性会减弱周末放松体验与每周员工创造力之间的正向关系。

假设3c:工作复杂性调节控制体验与员工创造力在个体内层面上的相关关系,即相对于低工作复杂性,高工作复杂性会减弱周末控制体验与每周员工创造力之间的正向关系。

假设3d:工作复杂性调节掌握体验与员工创造力在个体内层面上的相关关系,即相对于低工作复杂性,高工作复杂性会减弱周末掌握体验与每周员工创造力之间的正向关系。

第二节 实 证 设 计

一、研究样本与取样程序

(一)问卷设计

调查问卷设计主要包括(参见附录问卷三):(1)个人信息,包括姓名(代码)、性别、受教育程度、职位、工作年限等;(2)某工作周的员工创造力;(3)某周末的员工恢复体验;(4)员工的消极情感特质。

(二) 数据收集

本章理论模型是建立在状态性恢复体验构念和员工创造力在个体内部层面的状态变动。采用传统的横截面数据收集方法很难捕捉到随时间和情境而变化的变量状态特征和变量之间的因果关系,故采用以工作周为单位的经验取样法(experience sampling method)。经验取样法源于动态即时研究的思想(Csikszentmihalyi, Larson & Prescott, 1977),具体是指在一段时间内,研究者借助辅助工具(如智能手机、微信 APP 等)提醒被试,让被试在事件发生或者随机(或固定时间)的诸多瞬间回答问题,通过多次重复测量,获取变量在不同时间点的动态数据(段锦云和陈文平, 2012)。

采用问卷调查法,样本对象是第五章第二节样本对象中的一家苏州智能设备制造公司和一家上海建筑智能化设备管理公司的知识型员工。笔者选择上述企业的知识型员工作为研究对象,主要基于以下考虑:首先,长三角地区的企业普遍制定了维护员工职业健康的规范并在一定程度上得到了有效的执行;其次,知识型员工在每日工作中对自我心理过程和心理状态的感知更加准确;最后,工作性质允许这些员工展现个人创造力,发挥工作要求之外的创新角色。

笔者与这两家企业的董事会秘书取得联系并详细解释了研究目的、调研过程和所需要的资源支持,并期望被试是参与第五章第二节数据收集的那些员工。两家董事会秘书分别确认了 37 名和 52 名知识型员工的名单,包括姓名、性别、年龄、学历、工作年限、组织层级、微信号和邮件联系方式等个人信息。因为本章研究数据的获得是通过在 89 名知识型员工组成的微信群中发送问卷链接获取的,所以笔者通过企业人事主管确认被试收集网络的开通以及微信号的一直在线,并在微信群里发送研究目的和调研过程。因为调研过程需要持续性地收集连续5个周内时间节点的员工数据,对被试的耐心、精力和时间都提出了一定的挑战,所以课题组为全程参与调研的每个员工提供一个U盘作为调研礼物,并承诺反馈工作恢复研究课题的相关研究结论。

被试将填写一次一般特征调研问卷(收集的数据是第五章第二节数据的子样本),并且在连续的5个工作周内,填写5次每个工作周开始的调研问卷(通常是周一9:00之前完成),以及5次每个工作周结束的调研问卷(通常是周五16:00—17:00)。首先,在与其人事主管、每位被试协商后,确定适合进行连续5个工作周的时间阶段是2015年8月3日(周一)至2015年9月4日(周五),其间被试需要填写每个工作日开始和结束时接收到的网络链接指向的调研问卷。其次,由于一些被试在这个时间段内可能会在每个工作周的周二开始工作或者在每个工作周的周四结束工作,笔者将根据被试反馈的工作信息,对应其相应的工作开始日和结束日对网络链接发送时间进行调整。最后,在收到被试的问卷后进行即时检查和数据录入,与问卷中出现遗漏题项、一致性答案、未作答的被试及时进行电话沟通,了解情况,尽可能地保证研究问卷的填写质量和回收有效率。因个人原因中途退出调研的被试有9人,经协调依然随意填写问卷的被试有4人,最终个体数据的样本是$N=76$,回收率是85.3%,每周层面的个体内数据的样本是$N=380(76\times5)$。

因为这些被试在2015年5月至2015年8月填写了包含个体间层面变量的问卷,所以本书对研究样本76人与第五章第二节中没有参与以每周为单位调研的其他被试作比较分析。结果表明,这两组被试数据在人口统计学变量(性别、年龄、教育水平、组织层级、工作年限和所在部门)和个体间层面变量(创造力自我效能感、工作复杂性和员工创造力)上没有表现出统计学意义上的差异。

(三) 样本描述

最终回收样本的基本特征是:在 76 份个体样本中,样本平均年龄是 32.5 岁($SD=8.40$);从性别来看,55.3% 是男性,44.7% 是女性;从教育水平来看,5.3% 是大专及同等学力,56.6% 是本科及同等学力,38.1% 是硕士及以上学历;从组织层级来看,88.2% 是普通员工,11.8% 是基层管理者;从工作年限来看,25.0% 是一年及以下,35.5% 是 2—3 年,23.7% 是 4—5 年,11.8% 是 6—9 年,4% 是 10 年及以上;从岗位部门来看,22.9% 是研发部门,11.8% 是制造部门,23.6% 是销售部门,17.1% 是财务部门,18.4% 是其他部门。

二、测量工具

测量变量包括:在调研初始,员工对一般个体特征的人口统计学变量、创造力自我效能感、工作复杂性进行评价;采用以每周为单位的日志研究(初始调研之后的连续 5 个工作周),员工在每个工作周开始时评价上一个周末的心理脱离、放松体验、掌握体验、控制体验;员工在每个工作周结束时评价整个工作周的员工创造力。除了恢复体验量表,其他量表主要来自国内使用过的国外高被引文献中的成熟量表或者专业量表。除部分变量和控制变量之外,各变量题项均采用李克特 5 点量表进行测量,以此衡量样本对各问题的同意程度,"1" 至 "5" 分别代表 "非常不同意" 到 "非常同意"。

周末恢复体验。采用索南塔格和弗里茨(Sonnentag & Fritz, 2007)开发的且经本书验证的中国情境下恢复体验的量表,由4个子量表构成,共16个题项。学者们认为,可以根据所研究变量在动态数据测量中的时间单位,对测量工作行为的量表中的时间参照进行修改,以便符合研究有效性(Breevaart, Bakker & Demerouti, 2014; ten Brummelhuis & Bakker, 2012; Petrou et al., 2012)。因此,本书参考现有研究的测量规范(Binnewies et al., 2009, 2010; ten Brummelhuis & Bakker, 2012; Demerouti et al., 2012; Trougakos et al., 2014),调整了中国情境的恢复体验问卷题项中对时间截面的语言表述。其中,周末恢复体验包括周末心理脱离(见表6-1)、周末放松体验(见表6-2)、周末控制体验(见表6-3)和周末掌握体验(见表6-4)4个潜因子,每个因子各有4个题项进行评价。在本章研究中,4个量表的信度系数依次为0.93、0.83、0.86和0.90,组合信度CR值依次为0.94、0.92、0.90、0.91,表明量表具有良好的信度;平均方差抽取量AVE值依次为0.78、0.61、0.70、0.63,表明量表具有良好的收敛效度。

表6-1 心理脱离的量表

测量项目	项目编号	项目描述	参考文献
心理脱离	PD1	在周末,我能忘记我的工作内容	中国情境的恢复体验问卷;Sonnentag & Fritz(2007)
	PD2	在周末,我一点也不会想起工作内容	
	PD3	在周末,我会让自己远离工作	
	PD4	在周末,我能在诸多工作事务中得到休息	

表 6-2　放松体验的量表

测量项目	项目编号	项目描述	参考文献
放松体验	RE1	在周末，我可以平静下来并放松自己	中国情境的恢复体验问卷；Sonnentag & Fritz(2007)
	RE2	在周末，我做轻松的事情	
	RE3	在周末，我花时间放松	
	RE4	在周末，我花时间休闲	

表 6-3　控制体验的量表

测量项目	项目编号	项目描述	参考文献
控制体验	CO1	在周末，我觉得我能够自己决定要做什么	中国情境的恢复体验问卷；Sonnentag & Fritz(2007)
	CO2	在周末，我决定自己的日程安排	
	CO3	在周末，我自己决定怎么安排我的时间	
	CO4	在周末，我以自己的方式处理要做的事情	

表 6-4　掌握体验的量表

测量项目	项目编号	项目描述	参考文献
掌握体验	MA1	在周末，我学习新事务	中国情境的恢复体验问卷；Sonnentag & Fritz(2007)
	MA2	在周末，我寻找挑战脑力的任务	

续 表

测量项目	项目编号	项目描述	参考文献
掌握体验	MA3	在周末,我做对我有挑战的事情	中国情境的恢复体验问卷;Sonnentag & Fritz(2007)
	MA4	在周末,我做拓宽视野的事情	

每周员工创造力。采用阿马比尔等(Amabile et al.,2005)使用过的奥利和弗里茨(Ohly & Fritz,2010)测量个体日常创造力的经典量表,测量每周员工创造力,由员工进行自我评价,包括5个题项。通常,员工创造力量表适用于测量个体间的创造力差异,不能直接测量个体内的行为(每周员工创造力)。首先,大多数学者认为,日志研究方法的测量工具依然可以采用符合等距变量性质的李克特测量选项(Binnewies et al.,2009,2010;Sonnentag,2003;Trougakos et al.,2014;Amabile,2005;Bledow, Rosing & Frese,2013)。因此,本书采用李克特5点量表进行测量。其次,学者们也认为,根据研究波动的时间单位,对测量工作行为的量表中的时间参照进行修改,以便符合研究有效性(Breevaart, Bakker & Demerouti,2014;ten Brummelhuis & Bakker,2012;Petrou et al.,2012)。因此,本书对该量表调整了时间截面的语言表述(见表6-5)。该量表的信度系数为0.79,组合信度CR值为0.87,表明量表具有良好的信度;平均方差抽取量AVE值为0.61,表明量表具有良好的收敛效度。

个体间层面的创造力自我效能感。采用蒂尔尼和法默(Tierney & Farmer,2002)开发的量表,由员工进行自我评价,包括3个题项(见表6-6)。该量表的信度系数为0.86,组合信度CR

值为 0.91,表明量表具有良好的信度;平均方差抽取量 AVE 值为 0.61,表明量表具有良好的收敛效度。其数据采集来自第五章的员工被试。

表 6-5 员工创造力的量表

测量项目	项目编号	项 目 描 述	参考文献
员工创造力	WC1	这个工作周,我提出了可以改善组织中工作条件的创造性想法	Amabile et al. (2005); Ohly & Fritz (2010)
	WC2	这个工作周,我提出了新颖的且可行的工作想法	
	WC3	这个工作周,我在工作中提出了一些创造性的问题解决办法	
	WC4	这个工作周,我提出了一些有利于完成工作任务的新方法	
	WC5	这个工作周,我是一个很好的创造性思想的来源	

表 6-6 创造力自我效能感的量表

测量项目	项目编号	项 目 描 述	参考文献
创造力自我效能感	CE1	我相信自己有能力创造性地解决问题	Tierney & Farmer (2002)
	CE2	我相信我有能力产生新颖的且可行的想法	
	CE3	我相信自己有能力精加工或改善他人的想法	

个体间层面的工作复杂性。参考奥尔德姆等(Oldham et al.,1995)开发的量表,主要由直接上级来回答两个问题(见表6-7)。两个题项分别是"总体而言,这份工作复杂吗?"(1=一点也不复杂,5=非常复杂);"总体而言,员工要经过多少培训以便成功完成这份工作?(1=极少的培训,5=大量的培训)"。量表的信度系数为0.76,组合信度CR值为0.85,表明量表具有良好的信度;平均方差抽取量AVE值为0.59,表明量表具有良好的收敛效度。其数据采集来自第五章的主管被试。

表6-7 工作复杂性的量表

测量项目	项目编号	项目描述	参考文献
工作复杂度	JC1	总体而言,这份工作复杂吗?	Oldham et al.(1995)
	JC2	总体而言,员工要经过多少培训以便成功完成这份工作?	

控制变量。为了避免无关变量的影响,首先,控制了性别、年龄、教育水平、组织层级、工作年限和所在部门这些人口统计学变量。其次,以往的研究发现个体间层面的消极情感会影响恢复体验与绩效结果之间的关系(Binnewies et al.,2010,2009)。因此,本节也控制了个体间层面的消极情感。消极情感的测量采用沃森、克拉克和泰勒德(Watson, Clark & Tellegend,1988)的PANAS量表中6条测量消极情感特质的题项,由员工进行自我评估,所有题项的回答都要求被试评价近一年时间内的感受。当在较长的时间内评价感受时,PANAS量表测量个体的情感特质而非情感状态(Watson,2000)。该量表的信度系数为0.73,组合信度CR值为0.80,

表明量表具有良好的信度;平均方差抽取量 AVE 值为 0.54,表明量表具有良好的收敛效度。最后,为了预测以一周为单位的个体内层面的员工创造力的波动情况,还控制了个体在一般水平上的员工创造力,其测量采用第五章第二节中由主管和员工评价的员工创造力。

第三节 分析结果

本节报告了实证研究的区分效度的验证性因子分析、个体内层面变量的变异分析、描述性统计与相关系数,以及跨层次调节作用的统计分析结果,最后进行了简要讨论。

一、区别效度的验证性因子分析

虽然在不同的时间截面对周末心理脱离、周末放松体验、周末控制体验、周末掌握体验和每周员工创造力进行测量,但是这些变量都是采用员工自评的方式。因此,为确保变量之间的区分效度以及各个测量量表的相应测量参数,本节对这些变量进行验证性因素分析,在验证的单因子模型、二因子模型、四因子模型以及五因子模型之间进行对比。结果显示,五因子模型拟合较好[χ^2(179)=318.304, $p<0.01$; TLI=0.921, GFI=0.854, CFI=0.938, RMSEA=0.050],拟合指数都达到了可接受水平且在统计学意义上显著优于其他嵌套模型的拟合结果(见表6-8)。由此表明,个体内变量具有良好的区分效度且不存在严重的共同方法偏差问题。为了确认创造力自我效能感、工作复杂性和一般员工创造力三个个体间变量的区分效度,本节进一步进行验证性因子分析。结果显示,三因子模型拟合较好[χ^2(41)=41.040, $p<$

0.01；TLI＝0.928，GFI＝0.905，CFI＝0.991，RMSEA＝0.043]，拟合指数都达到了可接受水平且在统计学意义上显著优于其他嵌套模型拟合结果(见表 6-9)。由此表明，个体内变量具有良好的区分效度且不存在严重的共同方法偏差问题。

表 6-8 个体内变量的验证性因素分析

Model	χ^2	Df	χ^2/Df	TLI	GFI	CFI	RMSEA
五因子模型	318.304	179	1.778	.921	.854	.938	.050
四因子模型[a]	407.760	183	2.228	.793	.670	.819	.125
四因子模型[b]	706.028	183	3.858	.835	.776	.856	.112
四因子模型[c]	960.581	183	5.249	.778	.678	.786	.136
二因子模型	1 646.886	188	8.760	.552	.523	.599	.184
单因子模型	2 751.742	189	14.559	.216	.398	.295	.243

注：N=76。五因子模型：周末心理脱离、周末放松体验、周末控制体验、周末掌握体验、每周员工创造力；四因子模型[a]：周末心理脱离、周末放松体验、周末控制体验＋周末掌握体验、每周员工创造力；四因子模型[b]：周末心理脱离＋周末放松体验、周末控制体验、周末掌握体验、每周员工创造力；四因子模型[c]：周末心理脱离、周末放松体验＋周末控制体验、周末掌握体验、每周员工创造力；二因子模型：周末心理脱离＋周末放松体验＋周末控制体验＋周末掌握体验、每周员工创造力；单因子模型：心理脱离＋放松体验＋控制体验＋掌握体验＋工作复杂度＋创造力自我效能感＋员工创造力。

表 6-9 个体间变量的验证性因素分析

Model	χ^2	Df	χ^2/Df	TLI	GFI	CFI	RMSEA
三因子模型	47.040	41	1.147	.928	.905	.991	.043
二因子模型[a]	92.893	43	2.160	.905	.815	.926	.122
二因子模型[b]	125.141	43	2.910	.844	.759	.878	.156

第六章　周末恢复体验与每周员工创造力的影响关系：个体内层面的研究

续　表

Model	χ^2	Df	χ^2/Df	TLI	GFI	CFI	RMSEA
二因子模型[c]	192.040	43	4.466	.718	.686	.779	.211
单因子模型	253.403	44	5.759	.612	.592	.690	.247

注：N=76。三因子模型：工作复杂度、创造力自我效能感、员工创造力；二因子模型[a]：工作复杂度+创造力自我效能感、员工创造力；二因子模型[b]：工作复杂度+员工创造力、创造力自我效能感；二因子模型[c]：工作复杂度、创造力自我效能+员工创造力；单因子模型：工作复杂度+创造力自我效能感+员工创造力。

二、个体内层面变量变异分析

个体内层面的模型构建需要检验个体层面测量的变量是否表现出显著的个体内变异(Trougakos et al.，2014)。因此，在进行多层次线性模型验证假设之前，本节首先建立一个普通的多层线性模型的零模型，用以检验预测变量(周末心理脱离、周末放松体验、周末控制体验、周末掌握体验)和结果变量(每周员工创造力)分别在个体内层面和个体间层面的变异。研究分析表明，个体内层面变异可以解释周末心理脱离总变异的69%、周末放松体验总变异的71%、周末控制体验总变异的62%、周末掌握体验总变异的43%和每周员工创造力总变异的54%，详见表6-10。由此可见，恢复体验对员工创造力的因果关系在个体内层面上可以得到更好的变异解释。

表6-10　变量在个体内水平的变异

变　量	γ_{00}	σ^2	τ_{00}	ICC
周末心理脱离	2.32**	1.50**	.66	69%
周末放松体验	2.84**	.76**	.31	71%

续　表

变　量	γ_{00}	σ^2	τ_{00}	ICC
周末控制体验	2.91**	.38**	.23	62%
周末掌握体验	1.24**	.32**	.43	43%
每周员工创造力	1.94**	.23**	.13	54%

注：γ_{00} 是个体内层面的截距；σ^2 是个体内层面的残差；τ_{00} 是个体间层面的截距残差；ICC 是个体内方差占总方差的比率，ICC 的计算公式是 $\sigma^2/(\tau_{00}+\sigma^2)$。

三、描述性统计和相关性分析

表 6-11 显示了研究变量的平均值、标准差、相关系数和信度系数的分析结果。个体内变量区域对角线以下的系数表示个体内层面变量的相关性，对角线以上的系数表示个体间层面变量的相关性。

在个体内层面，周末心理脱离（$\beta=0.23$，$p<0.01$）、周末放松体验（$\beta=0.22$，$p<0.05$）、周末控制体验（$\beta=0.18$，$p<0.05$）和周末掌握体验（$\beta=0.30$，$p<0.01$）与每周员工创造力显著正相关。在个体间层面，周末心理脱离（$\beta=0.38$，$p<0.01$）、周末放松体验（$\beta=0.23$，$p<0.01$）、周末控制体验（$\beta=0.15$，$p<0.05$）和周末掌握体验（$\beta=0.27$，$p<0.01$）与每周员工创造力显著正相关。此外，在个体间层面，一般员工创造力与每周员工创造力显著正相关。

四、假设检验结果

个体内层面变量的主效应检验。表 6-12 给出了每周员工创造力多层线性模型检验的结果。首先，检验模型的主效应，即周末

表6-11 主要变量的平均值、标准差和相关系数矩阵

变量	平均值	标准差	1	2	3	4	5	6	7	8
个体内变量	$N=380$									
1 周末心理脱离	3.53	.93	(.85)							
2 周末放松体验	3.59	.83	.54**	(.80)						
3 周末控制体验	2.75	.89	.20*	.30**	(.84)					
4 周末掌握体验	3.21	.95	.09	.18*	.54**	(.91)				
5 每周员工创造力	3.58	.72	.23**	.22**	.18*	.30**	(.88)			
个体间变量	$N=76$									
6 创造力自我效能感	3.93	.85	−.02	.02**	.30**	.44**	.26**	(.90)		
7 工作复杂性	3.41	.81	.05	−.13	−.31**	.01	.05	.10	(.77)	
8 一般员工创造力	3.41	.94	.19*	.20**	.26**	.28**	.46**	.31**	.21**	(.96)

注:个体内变量区域对角线以下的系数代表个体内层面变量的相关性($N=380$),是通过将变量标准化以后,由一个解释变量的HLM模型计算的变量间的共变(Bothbard & Wilk, 2011),对角线以上的系数代表任个体间层面上的相关性($N=76$),个体内变量的个体间层面的相关性是通过聚合到个体间水平后取平均值得到的;个体间变量的相关的相关系数是个体水平变量间的Pearson相关系数;个体间变量性是每周信度系数是每周信度值度值求和取平均值。 * $p<0.05$, ** $p<0.01$ 。

心理脱离、周末放松体验、周末控制体验、周末掌握体验分别对每周员工创造力具有显著的正向作用(假设 1a、假设 1b、假设 1c 和假设 1d)。对模型 1(M1)控制了消极情感和一般员工创造力后,在模型 2(M2)中放入周末心理脱离、周末放松体验、周末控制体验、周末掌握体验。除了周末控制体验与每周员工创造力之间的相关系数不显著之外,正如预期,周末心理脱离($\beta=0.23$,$p<0.01$;M2)、周末放松体验($\beta=0.18$,$p<0.01$;M2)与周末掌握体验($\beta=0.15$,$p<0.01$;M2)与每周员工创造力的相关系数是显著正向的,支持了假设 1a、假设 1b 和假设 1d。这意味着在周末体验到充分的恢复后,员工也会在接下来的一个周内表现出较高的创造力。但是,周末控制体验对每周员工创造力的作用不显著。

创造力自我效能感的跨层次调节作用检验。表 6-12 描述了假设 2a、假设 2b、假设 2c 和假设 2d 的检验结果,即预测创造力自我效能感会加强周末心理脱离、周末放松体验、周末控制体验、周末掌握体验分别与每周员工创造力之间关系的跨层次调节作用。在模型 M3 中输入跨层次效应之前,周末心理脱离、周末放松体验、周末控制体验、周末掌握体验对每周员工创造力的随机斜率的残差是显著的,这进一步证明随机斜率的方差可以被 level-2 的创造力自我效能感所解释。在模型 3(M3)输入创造力自我效能感和交互项,正如预期,创造力自我效能感和周末心理脱离与每周员工创造力之间关系的斜率是积极相关的($\beta_{11}=0.18$,$p<0.01$),创造力自我效能感和周末放松体验与每周员工创造力之间关系的斜率是积极相关的($\beta_{12}=0.14$,$p<0.01$),创造力自我效能感和周末控制体验与每周员工创造力之间关系的斜率是积极相关的($\beta_{13}=0.12$,$p<0.01$),创造力自我效能感和周末掌握体验与每

周员工创造力之间关系的斜率是积极相关的($\beta_{14}=0.14$,$p<0.01$)。以上统计结果支持了假设 2a、假设 2b、假设 2c 和假设 2d。

表 6-12 每周员工创造力的多层线性模型分析

变量与模型	每周员工创造力			
	M0	M1	M2	M3
第一步：零模型				
截距 β_{00}	.21**	.23**		2.03**
第二步：控制变量				
周 β_{10}		$-.12$**	$-.11$**	$-.11$**
NAβ_{20}		$-.15$**	$-.07$	$-.06$
GCYβ_{30}		$-.14$**	$-.09$	$-.16$**
第三步：自变量				
WPDβ_{40}			.23**	.18**
WREβ_{50}			.18**	.16**
WCOβ_{60}			.08	.06
WMAβ_{70}			.15**	.15**
第四步：CSE 调节作用				
CSEβ_{01}				.21**
CSE * WPDβ_{11}				.18**
CSE * WREβ_{12}				.14**
CSE * WCOβ_{13}				.12**

续 表

变量与模型	每周员工创造力			
	M0	M1	M2	M3
CSE * WMAβ_{14}				.14**
方差成分				
σ^2	1.05		1.01	1.00
τ_{00}	.51**		.50**	.41**
τ_{11}			.05**	.10**
Level-1 方差			.04	.05
Level-2 截距方差			.02	.20
Level-2 斜率方差				1.00

注：检验创造力自我效能感的跨层次调节作用。N(个体内)=380，N(个体)=76，* $p<0.05$，** $p<0.01$。系数估计值是 robust standard errors 的估计结果。σ^2 是 level-1 的残差；τ_{00} 是 level-2 的截距残差；τ_{11} 是 level-2 的斜率残差；NA 表示消极情感，GCY 表示一般员工创造力，WPD 表示周末心理脱离，WRE 表示周末放松体验，WCO 表示周末控制体验，WMA 表示周末掌握体验，CSE 表示创造力自我效能感。Level-1 方差 = $(\sigma^2_{空模型}(e) - \sigma^2_{估计模型}(e))/\sigma^2_{空模型}(e)$；Level-2 截距方差 = $(\tau_{00}(e)_{空模型} - \tau_{00}(e)_{估计模型})/\tau_{00}(e)_{空模型}$；Level-2 斜率方差 = $(\tau_{11}(e)_{调节效应} - \tau_{11}(e)_{主效应})/\tau_{11}(e)_{主效应}$。

简单斜率分析(Aiken & West, 1991)可以确认上述调节效应的具体影响模式，并为假设 2a、假设 2b、假设 2c 和假设 2d 的成立提供进一步支持。简单斜率检验结果表明：第一，对于高创造力自我效能感的员工(+1 SD)，周末心理脱离对每周创造力($\beta=0.41, p<0.01$)的正向影响不显著；对于低创造力自我效能感的员工(-1 SD)，周末心理脱离对每周创造力的作用不显著($\beta=0.05, n.s.$)，由此假设 2a 得到支持。该调节作用见图 6-2。第

二,对于高创造力自我效能感的员工(+1 SD),周末放松体验对每周创造力($\beta=0.30$, $p<0.01$)的正向影响显著;对于低创造力自我效能感的员工(-1 SD),周末放松体验对每周创造力的正向作用不显著($\beta=0.02$, n.s.),由此假设 2b 得到支持。该调节作用见图 6-3。第三,对于高创造力自我效能感的员工(+1 SD),周末控制体验对每周创造力($\beta=0.18$, $p<0.01$)的正向影响显著;对于低创造力自我效能感的员工(-1 SD),周末控制体验对每周创

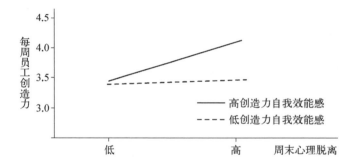

图 6-2 创造力自我效能感对周末心理脱离与每周员工创造力关系的调节作用

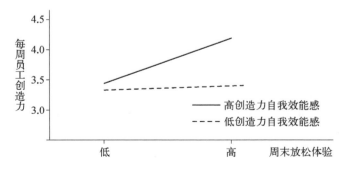

图 6-3 创造力自我效能感对周末放松体验与每周员工创造力关系的调节作用

造力的正向作用不显著($\beta=-0.06$,n.s.),由此假设 2c 得到支持。该调节作用见图 6-4。第四,对于高创造力自我效能感的员工(+1 SD),周末掌握体验对每周创造力($\beta=0.27$,$p<0.01$)的正向影响显著;对于低创造力自我效能感的员工(-1 SD),周末掌握体验对每周创造力的正向作用不显著($\beta=0.03$,n.s.),由此假设 2d 得到支持。该调节作用见图 6-5。

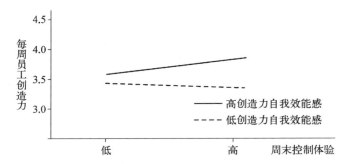

图 6-4 创造力自我效能感对周末控制体验与每周员工创造力关系的调节作用

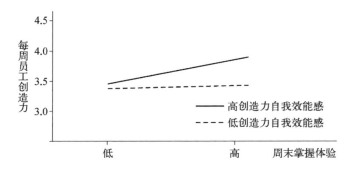

图 6-5 创造力自我效能感对周末掌握体验与每周员工创造力关系的调节作用

第六章 周末恢复体验与每周员工创造力的影响关系：个体内层面的研究

工作复杂性的跨层次调节作用检验。表6-13描述了假设3a、假设3b、假设3c和假设3d的检验结果，即预测工作复杂性会减弱周末心理脱离、周末放松体验、周末控制体验、周末掌握体验分别与每周员工创造力之间关系的跨层次调节作用。在模型M3中输入跨层次效应之前，周末心理脱离、周末放松体验、周末控制体验、周末掌握体验对每周员工创造力的随机斜率的残差是显著的，这进一步证明随机斜率的方差可以被level-2的工作复杂性所解释。在模型3(M3)输入工作复杂性和交互项，正如研究预期，工作复杂性对周末心理脱离与每周员工创造力之间关系的斜率是积极相关的（$\beta_{11}=-0.17$，$p<0.01$），工作复杂性对周末放松体验与每周员工创造力之间关系的斜率是积极相关的（$\beta_{12}=-0.15$，$p<0.01$），工作复杂性对周末掌握体验与每周员工创造力之间关系的斜率是积极相关的（$\beta_{14}=-0.16$，$p<0.01$）。以上统计结果支持了假设3a、假设3c和假设3d。但是，工作复杂性对周末控制体验与每周员工创造力之间关系的斜率无显著的关系（$\beta_{13}=-0.09$，n.s）。

表6-13 每周员工创造力的多层线性模型分析

变量与模型	每周员工创造力			
	M0	M1	M2	M3
第一步：零模型				
截距 β_{00}	.21**	.23**		2.32**
第二步：控制变量				
周 β_{10}		−.12**	−.11**	−.13**

续 表

变量与模型	每周员工创造力			
	M0	M1	M2	M3
$NA\beta_{20}$		$-.15^{**}$	$-.07$	$-.08$
$GCY\beta_{30}$		$-.14^{**}$	$-.09$	$-.20^{**}$
第三步：自变量				
$WPD\beta_{40}$			$.23^{**}$	$.28^{**}$
$WRE\beta_{50}$			$.18^{**}$	$.20^{**}$
$WCO\beta_{60}$			$.08$	$.04$
$WMA\beta_{70}$			$.15^{**}$	$.19^{**}$
第四步：JC 调节作用				
$JC\beta_{01}$				$.25^{**}$
$JC*WPD\beta_{11}$				$-.17^{**}$
$JC*WRE\beta_{12}$				$-.15^{**}$
$JC*WCO\beta_{13}$				$-.09$
$JC*WMA\beta_{14}$				$-.16^{**}$
方差成分				
σ^2	1.05		1.01	.09
τ_{00}	$.51^{**}$		$.50^{**}$	$.44^{**}$
τ_{11}			$.05^{**}$	$.11^{**}$
Level-1 方差			.04	.05

第六章 周末恢复体验与每周员工创造力的影响关系：个体内层面的研究

续　表

变量与模型	每周员工创造力			
	M0	M1	M2	M3
Level-2 截距方差			.02	.14
Level-2 斜率方差	1.05			1.20

注：检验工作复杂性的跨层次调节作用。N(个体内)＝380，N(个体)＝76，* p＜0.05，** p＜0.01。系数估计值是 robust standard errors 的估计结果。σ^2 是 level-1 的残差；τ_{00} 是 level-2 的截距残差；τ_{11} 是 level-2 的斜率残差；NA 表示消极情感，GCY 表示一般员工创造力，WPD 表示周末心理脱离，WRE 表示周末放松体验，WCO 表示周末控制体验，WMA 表示周末掌握体验，JC 代表工作复杂性。Level-1 方差 ＝ $(\sigma^2_{空模型}(e) - \sigma^2_{估计模型}(e))/\sigma^2_{空模型}(e)$；Level-2 截距方差 ＝ $(\tau_{00}(e)_{空模型} - \tau_{00}(e)_{估计模型})/\tau_{00}(e)_{空模型}$；Level-2 斜率方差 ＝ $(\tau_{11}(e)_{调节效应} - \tau_{11}(e)_{主效应})/\tau_{11}(e)_{主效应}$。

简单斜率分析(Aiken & West，1991)可以确认上述调节效应的具体影响模式，并为假设 3a、假设 3b、假设 3c 和假设 3d 的成立提供进一步支持。简单斜率检验结果表明：第一，对于低工作复杂性的员工(-1 SD)，周末心理脱离对每周创造力($\beta=0.45$，$p<0.01$)的正向影响显著；对于高工作复杂性的员工(+1 SD)，周末心理脱离对每周创造力($\beta=0.11$，$p<0.01$)的正向作用减弱(由 $\beta=0.45$ 减弱为 $b=0.11$)，由此假设 H3a 得到支持。该调节作用见图 6-6。第二，对于低工作复杂性的员工(-1 SD)，周末放松体验对每周创造力($\beta=0.35$，$p<0.01$)的正向影响显著；对于高工作复杂性的员工(+1 SD)，周末放松体验对每周创造力的正向作用不显著($\beta=0.05$，n.s.)，由此假设 H3b 得到支持。该调节作用见图 6-7。第三，对于低工作复杂性的员工(-1 SD)，周末掌握体验对每周创造力($\beta=0.35$，$p<0.01$)的正向影响显著；对于高工作复杂性的员工(+1 SD)，周末掌握体验对每周创造力的正向作

用不显著($\beta=0.03$,n.s.),由此假设 H3d 得到支持。该调节作用见图 6-8。第四,工作复杂性与周末控制体验的交互项对每周员工创造力的影响并未达到显著水平($\beta=-0.09$,n.s),这说明工作复杂性对周末控制体验与每周员工创造力关系的调节作用不显著,故假设 H3c 未得到支持。

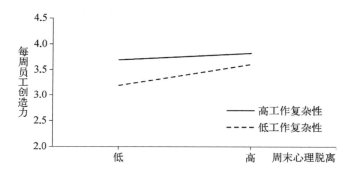

图 6-6 工作复杂性对周末心理脱离与每周员工创造力关系的调节作用

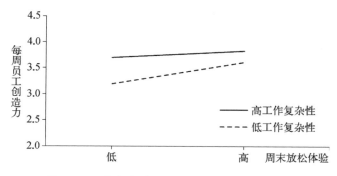

图 6-7 工作复杂性对周末放松体验与每周员工创造力关系的调节作用

基于工作恢复理论、自我效能理论和创造力理论,本书以 76 名知识型员工为研究对象,从状态性恢复体验为角度探讨员工创

第六章 周末恢复体验与每周员工创造力的影响关系：个体内层面的研究

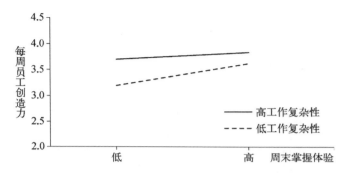

图 6-8　工作复杂性对周末掌握体验与每周员工创造力关系的调节作用

造力的短期波动效应。通过网络调研的方式实施以工作周为时间单位（共 5 个工作周）的经验取样法来收集数据，借助多层次回归分析和多层面变异分析等方法对个体内层面的多层次线性模型进行了研究。研究结果表明，状态性恢复体验可以预测创造力以周为单位的短期波动效应，并且在不同的情境条件下，其波动效应出现或增强或减弱的情况（见表 6-14）。

表 6-14　假设与实证结果一览表

研究问题	研　究　假　设	实证结果
周末恢复体验对每周创造力的直接作用	H1a：周末心理脱离对每周员工创造力产生显著的正向影响	支持
	H1b：周末放松体验对每周员工创造力产生显著的正向影响	支持
	H1c：周末控制体验对每周员工创造力产生显著的正向影响	不支持
	H1d：周末掌握体验对每周员工创造力产生显著的正向影响	支持

续 表

研究问题	研 究 假 设	实证结果
创造力自我效能感的个体间变量跨层次调节	H2a：创造力自我效能感对周末心理脱离与每周员工创造力之间个体内层面上的关系有正向的调节作用	支持
	H2b：创造力自我效能感对周末放松体验与每周员工创造力之间个体内层面上的关系有正向的调节作用	支持
	H2c：创造力自我效能感对周末控制体验与每周员工创造力之间个体内层面上的关系有正向的调节作用	支持
	H2d：创造力自我效能感对周末掌握体验与每周员工创造力之间个体内层面上的关系有正向的调节作用	支持
工作复杂性的个体间变量跨层次调节	H3a：工作复杂性对周末心理脱离与每周员工创造力之间个体内层面上的关系有负向的调节作用	支持
	H3b：工作复杂性对周末放松体验与每周员工创造力之间个体内层面上的关系有负向的调节作用	支持
	H3c：工作复杂性对周末控制体验与每周员工创造力之间个体内层面上的关系有负向的调节作用	不支持
	H3d：工作复杂性对周末掌握体验与每周员工创造力之间个体内层面上的关系有负向的调节作用	支持

应用篇

第七章

理 论 应 用

创造力和创新是经济发展、社会进步和科技创新必不可缺的元素。个体创造力的重要性不言而喻。现代管理学之父彼得·德鲁克（Peter Drucker）在《21世纪的管理挑战》中深刻地指出，创造力不仅是组织的稀缺资源，而且是在组织中可供挖掘的丰富宝藏。我国创造力现状虽处在向创造力和创新发展的过渡时期，但创造力缺失现象依然很突出。本书围绕"恢复体验与员工创造力的影响及动态演化关系"的主题，采用横截面分析方法、多层次分析、短期动态研究，探讨了恢复体验影响员工创造力的中介机制、调节机制及因果关系，这在一定程度上对现有理论进行了补充和拓展，也提供了以下三方面的理论应用。

第一，基于索南塔格和弗里茨（Sonnentag & Fritz, 2007）开发的恢复体验问卷，首次验证了中国版本的恢复体验问卷。这一研究不仅填补了国内工作恢复领域已有研究的空白，也扩大了恢复体验研究在国内外相关的应用，进而并入现有的英语、德语、西班牙语、芬兰语和日语为主要表达语言和效度验证的恢复体验问卷库。正如恢复体验在提高发达国家员工幸福感上发挥的作用一样，在中国背景下个体恢复体验将会是贯彻落实国家提倡创造积极的心理健康政策的一条重要途径。中国版本的恢复体验问卷也将在企业实践中更好地推动员工职业健康和绩效行为。

第二,提出并构建了非工作时间的恢复体验对员工创造力的多层次影响模型,从个体间层面和个体内层面分别探讨了非工作时间的恢复体验是积极预测员工创造力的重要个体因素。

创造力领域中影响创造力的个体因素已得到学者们的关注并获得了坚实的研究成果(Feist,1998;Oldham & Cummings,1996;Zhou & Oldham,2001;Amabile et al.,1996;Woodman et al.,1993;Tierney et al.,1999;Shin & Zhou,2003;Gong et al.,2009;Bandura,2001;Zhou & George,2001;George & Zhou,2007;Madjar et al.,2002)。正如福特(Ford,1996)所言,个体因素是提升创造力的内在动力。虽然研究者对恢复体验与员工创造力之间的关系进行了开创性的研究(de Jonge et al.,2012;Eschlema et al.,2014),但研究还相当薄弱且其结论也大相径庭,这些仅有的研究并未明确且完整地构建恢复体验对员工创造力影响的内在机理模型。恢复体验与员工创造的关系尚不清晰,有的学者仅从恢复体验维度之一的心理脱离的视角,认为心理脱离由于个体对工作事务的认知脱离而抑制员工创造(de Jonge et al.,2012);有的学者以整体恢复体验的视角,认为恢复体验是休闲活动与创造力的中介机制(Eschleman et al.,2014)。但是这些研究不仅缺乏深入的基础理论推证,而且缺乏在同一研究中全面考察恢复体验不同维度在不同层面上对员工创造力的影响。工作恢复领域的学者们(Sonnentag,2003;Ten Brummelhuis & Bakker,2012;Demerouti et al.,2012;Sonnentag,Binnewies & Mojza,2008;Sonnentag & Bayer,2005)证实了动态视角下恢复体验的状态性;而创造力的动态性也一直是创造力领域的学者们重点呼吁的(Amabile 1988;Henker,Sonnentag & Unger,2015;王磊,

2015),特别是一些学者呼吁从动态视角在个体内部层面探究员工创造力的行为效应(Amabile et al.,2005;Bledow, Rosing & Frese, 2013)。但截至目前,尚没有研究将这两个构念整合在一个统一的模型中并从个体内部层面加以研究。基于此,本书全面考察恢复体验在个体间层面和个体内层面对员工创造力的影响。研究表明,在个体间层面上,恢复体验的不同维度对员工创造力具有促进作用;在个体内层面上,周末恢复体验对下一个工作周的员工创造力具有促进作用。本书的因果关系也是多层次的嵌套理论模型,即周末恢复体验与每周员工创造力均发生在个体内水平,在每个工作周时间截面上恢复体验影响员工创造力水平,不同工作周的时间截面嵌入个体构成一个动态的过程。本书的思路和结果从个体恢复体验的视角拓展了创造力逻辑关联网络中的个体前置因素的研究谱图。此外,对特鲁加科斯、比尔和格里安(Trougakos, Beal & Green, 2008)和马贾尔、奥德曼和普拉特(Madjar, Oldham & Pratt, 2002)的疑问,即是否存在对创造力有预测力的构念,可以打破工作-非工作情景限制?本书给出了肯定的回答,夯实了工作恢复理论与创造力理论之间的关联,为持续激发员工创造力提供了新的理论视角。

第三,分别验证了工作复杂性对在个体间层面和个体内层面上的恢复体验与员工创造力之间的关系具有调节作用。

以往研究认为,工作复杂性是调节个体因素(Oldham & Stepina, 1991; Shalley & Blum, 2009; Wadden, 2011;赵西萍和杨晓萍,2009)与行为结果之间关系的一个重要工作特征因素,但是在考察工作特征因素是恢复体验的作用机制边界条件的研究中(Binnewies, Sonnentag & Mojza, 2009; Sonnentag & Fritz, 2007),无论是个体间层面上的研究还是个体内层面上的研究,都没有涉及工作复杂性的情境作用。基于此,本书提出和验证工作复杂性分别在个体间层面和个体内层面发挥的不同情境效应。研究结果表明,恢复体验与员工创造力之间的积极关系依赖工作复杂性的强度,高工作复杂性会减弱恢复体验与员工创造力的正向关系。这一发现不仅丰富了工作恢复理论中的发挥边界条件的工作特征因素,而且扩展了工作复杂性发挥权变作用的层面,启发后续研究从不同角度和层面分析和界定恢复体验的作用边界,为提升恢复体验的作用效果提供了新的路径和研究视角。

第八章

实 践 应 用

个体创造力不足成为制约组织创新发展的重要影响因素。当下时代,海量信息和"永远在线"使得24/7工作环境成为中国企业员工工作的新常态。"过劳"员工拼命处理海量信息,无休止地参与繁重的工作任务,自身也逐渐失去了自我成长和学习发展的机会。这些不堪重负的员工只能产生低效生产率,自身创造力严重匮乏。《36氪特写》在2016年对1 148名职场员工调研的报告中指出,在长时间高强度的工作状态下,员工的创造力难以为继,企业的竞争力也无法持续;很多员工表示自己的创造力几乎被扼杀在企业正在实行的"996"。更有调查对象认为"在非工作时间学会思考,比加班来得有效"。正如阿马比尔(Amabile,2002)对9 000多份的员工日志追踪研究中提出的,在工作环境因素更为苛刻的时代,如何保护好创造力显得尤为迫切。本书认为,恢复体验为中国情景下组织激发员工创造力,以及增强自身创新优势与建立幸福组织提供了重要的实践价值。

第一,组织内部应该设立正式的恢复体验制度。由研究结论可知,恢复体验在中国情境下具有高效度的可开发性,且非工作环境中的恢复体验可以帮助员工获得更多的创造力自我效能感,并持续地激发员工创造力,组织可以为员工制定一套完整且多样化的恢复体验培训项目,通过一定的正式制度和措施,员工的恢复体验能够获得显著增强,在职业幸福感提高的同时,员工的角色内绩效和角色外绩效都会得到显著提高。本书以心理脱离、放松体验、控制体验和掌握体验为出发点,构建在组织内如何建立合适的恢复体验制度。

(1) 心理脱离的制度建立。这一制度的建立需要员工掌握心理脱离策略和原理,具体策略包括不同角色间切换、冥想、掌握工作与非工作分割规范、分割家庭的工作空间等,这些可以帮助员工提高生活幸福感。组织需要在实施过程中配备专业导师,他们的职责是解释心理脱离的含义和重要性,帮助员工学习如何从身体和心理上划分工作与非工作的边界,还要指导员工选择匹配的各种心理脱离策略。

(2) 控制体验制度的建立。在控制体验制度建立方面,首先,在组织或团队的支持下,个人需要制定明确的发展目标,以及识别哪些途径是可以实现目标的可控途径和哪些是不可控途径;其次,组织鼓励员工选择实际可控的途径以促进控制体验的增强。在制度实施过程中,专业导师需要指导员工联系自我管理技能,如时间管理、目标构建和计划实施,与此同时,团队成员应当为他人提供实现目标或控制目标实现的建议。

(3) 掌握体验制度的建立。由组织相关负责人要求员工回忆过去经历的非工作情境下的掌握体验,并在团队或小组学习中学习他人成功获得掌握体验的方法,通过这个过程,员工的自我效能感会得到增强。另外,组织相关负责人还要向员工介绍有助于提升掌握体验的活动内容(如学习、运动)和准则(具有适当的挑战性)。组织鼓励员工参与假期举办的创意活动,这些活动可以提高员工的工作绩效和创造力,也促进了组织创新。

(4) 放松体验制度的建立。在放松体验制度建立方面，组织负责人先解释放松体验的含义及对幸福感与绩效行为的作用；帮助员工识别一些不健康的放松策略（如酗酒），并指导员工练习健康的放松策略（如轻柔音乐法、渐进式肌肉放松法）。此外，组织相关负责人还要强调睡眠恢复的重要性，矫正员工错误的睡眠观念并介绍正确的睡眠时间和规律，帮助员工分析和提升睡眠质量，最终达到恢复目的。除了在组织中设立正式的恢复体验制度以外，在干预的手段上要加强员工的恢复体验，这对于组织利用制度或培训提高员工应对工作要求和工作压力的能力，促进员工创造力和幸福感，以及提高组织整体绩效具有重要的启示意义。

第二，针对高复杂性的工作，组织在设立恢复体验制度之际，也需要考量员工本身的恢复体验偏好。由研究结论可知，高复杂性的工作会显著地减弱恢复体验对创造力自我效能感的正向影响。组织在人力资源管理中，对于从事高复杂性工作的员工，可以给予多样化的恢复体验活动和较多的参与时间，比如强化控制体验培训，重点让员工学习自我管理技巧以及依据岗位或任务要求，重新设定员工的休假体制；另外，针对某些高复杂性的工作要求，考察员工恢复体验状况，择优录取，便于提高员工对工作、同事和组织的满意度，并促进工作自主性和激发创造力。

第三，组织应该提高员工恢复体验的意识。在公司内部发放宣传手册，使员工意识到恢复体验培训有助于他们从工作情景产生的不良影响中恢复，并反过来促进其工作幸福感和创造力。对组织而言，这既低成本高效益又可以避免过多干预员工个人时间安排，因为员工不能将所有的个人时间和精力都花费在帮助他们恢复的活动上，所以员工对意识到的有益于他们工作表现的活动

"过劳人"的创造力从何而来

更加优先选择并参与。当下新冠肺炎疫情对工作模式进行了重塑,很多员工选择了居家办公(work from home),工作与家庭的空间边界被打破,员工的恢复体验意识的提升更能够帮助企业获得持续的创造力和创新优势。

第九章

结论与展望

本书聚焦员工创造力这一主题,研究中国情境下恢复体验对员工创造力的影响关系和短期动态效应,以及其内在作用机理,探索员工在非工作情境中的心理恢复因素如何为激发员工创造力提供持续且健康的动力。本章对整体研究内容与结论进行总结。

结论一:验证了中国情境下恢复体验构念的四个维度

通过采用不同职业的中国企业员工的大样本验证了中国版本的恢复体验问卷的有效性。索南塔格和弗里茨提出恢复体验是一个四维度构念,即心理脱离、放松体验、控制体验和掌握体验。采用他们的经典研究,以1 131名中国企业员工为大样本被试,通过探索性因素分析、验证性因子分析和逻辑关联网络验证了恢复体验四个子维度良好的区分效度。由此获得了中国版本的恢复体验问卷。

结论二:验证了恢复体验不同维度对其逻辑关联网络中的前因后果变量具有不同的作用

很多研究者在使用来自不同文化背景的现有量表时,都是通过构建变量间逻辑关联网络的方式,用已经得到证明的效度概念和测验去检验新测验的效度。本书也构建并验证了恢复体验的逻辑关联网络,进一步检验恢复体验量表的构念效度。研究发现,中国情境下恢复体验构念具有四个维度,并对其逻辑关联网络中的前因后果变量具有不同的作用。具体结论如下。

首先,在恢复体验的逻辑关联网络中,恢复体验的潜在预测变量与恢复体验相关关系分析与以往的研究有一些异同点:工作要求与心理脱离、放松体验、控制体验和掌握体验是负向相关的,这个研究结果与以往的研究结论(Sonnengtag & Fritz, 2007; Schimazu et al., 2012)保持了一致;工作控制与掌握体验之间是积极相关的,但是与心理脱离、放松体验和控制体验完全不相关。这样的研究结果意味着工作控制与恢复体验之间的关系是不确定的,这值得进一步深入探讨。

其次,在恢复体验的逻辑关联网络中,恢复体验与其结果变量相关关系分析与以往研究也有一些异同点,但是恢复体验仍是一个积极的概念,其作用结果一般是具有正向影响的:恢复体验所有因素都会缓解员工的健康抱怨与心理困扰,这证实了恢复体验具有积极意义,代表着其会产生良好的身心状态;恢复体验的所有维度与工作投入是正向相关的,这再次验证了现有研究中达成的一致性结论;恢复体验的所有维度与生活满意度是正向相关的,这表明在休闲领域内,恢复体验可以积极促进员工的生活幸福感,再次验证了恢复体验的积极效应;恢复体验的所有因素与任务绩效是正向相关的。已有研究呈现不一致的结论(Fritz & Sonnentag, 2006; Binnewties et al., 2010; Fritz et al., 2010),而在中国情境下得出的研究结论也为纷繁复杂的绩效结果研究提供了很好的例证。心理脱离与放松体验会阻碍组织公民行为,而控制体验和掌握体验会促进组织公民行为。虽然该结论与现有研究成果不一致,但是本书认为在中国情境下有其合理性,因为中国人的传统性和中庸思维会使个体选择在"外取"资源的过程中促进利他行为,也就是控制体验和掌握体验更能促进组织公民行为。

结论三:恢复体验对员工创造力直接作用在个体间层面与个体内层面的比较

从个体间层面与个体内层面的实证分析结论具体如下。

以 230 名中国企业员工及其直接主管的配对样本为数据,在个体间层面上检验了不同恢复体验对员工创造力的直接作用。研究结果表明:放松体验、控制体验和掌握体验对员工创造力具有积极的正向作用。但是,它们对员工创造力的解释力度不一样:放松体验的作用最弱,控制体验其次,掌握体验对员工创造力的解释力度最强,这反映了创造力因果链的近端是最直接的能够激发知识要素的外部异质性要素和资源。此外,在某个生活领域(如下班时间)获取的新资源往往具有溢出效应,而被应用在使用这些资源的其他领域,这种积极的溢出被看作在工作领域中解决问题的路径(Ivcevic,2007)。因此,个体在非工作时间追求挑战或从事新事物学习等心理过程会更有利于提高创造力。研究结果还表明,对于恢复体验中的心理脱离与员工创造力之间存在倒 U 型的相关关系,即当心理脱离水平提高时,员工创造力也提高,直到提高至峰值,之后随着心理脱离水平的提高,员工创造力将降低。

本书以 76 名知识型员工为研究对象,通过网络调研的方式实施以周为单位(共 5 个工作周)的经验取样法来收集数据,在个体内层面上检验了恢复体验与员工创造力的短期动态关系。研究结果表明,周末恢复体验的不同维度对每周员工创造力具有不同的积极动态效应,即在以工作周为不同时间截面上,每个周末员工参与的心理脱离、放松体验、控制体验和掌握体验对每周员工的创造力的预测情况不同。具体而言,在四种恢复体验中,周末心理脱离对每周员工创造力的影响程度最高,其他的依次是放松体验和掌握体验,而周末控制体验的预测作用没有得到支持。

通过对上述研究结论比对可以发现:(1)心理脱离在个体间层面上与创造力具有倒 U 型的相关关系,且心理脱离的一次项与创造力具有负向相关关系;而在个体内层面上每周员工创造力的正向作用力度最大。这一结论完美地证明了在以周为测量时间单位的短期内,周末心理脱离恰好衔接了心理脱离在个体间层面上对创造力曲线效应的上升作用阶段,即短时间内脱离工作事务并不会阻碍有利于创造力的认知脱离(Ashforth et al.,2000),而仅仅是干预创造力的情感等阻碍因素的脱离。(2)无论是在个体间层面还是个体内层面,放松体验和掌握体验都对员工的创造力具有一定的积极作用。相较于其他两种恢复体验,放松体验和掌握体验在不同层面对员工创造力的作用是稳定的。掌握体验在个体间层面上的解释力度最强,本书认为,外部资源或者新知识需要个体长时间的吸收和积累,才能转化为工作场所中提出创造性想法所需要的必要条件;而在每周的时间截面上,掌握体验的功能发挥就会显得薄弱,不如其他恢复体验的预测强度了。对放松体验而言,它的确是员工在长期和短期时间段内较好的资源恢复方式,这也与以往研究结论保持了一致。(3)控制体验在个体间层面上对员工创造力具有显著的正向作用;而周末控制体验对每周员工创造力没有显著的正向作用。这说明了虽然非工作时间的自我决断力可以预测任务绩效和个人主动性等绩效结果变量(Binnewies et al,2010),但是不能直接干预创造力,这可能更多地受到控制体验较低的个体资源溢出效应的影响(Trougagus et al.,2014)。

结论四：创造力自我效能感在个体间层面与个体内层面的作用比较

在个体间层面上检验了创造力自我效能感在不同恢复体验与员工创造力之间关系的中介作用。研究结果表明：放松体验、控制体验、掌握体验与心理脱离分别对员工自我效能感产生正向作用，并进而影响员工创造力，这完全支持了第五章的预期假设。在个体间层面上，创造力自我效能感作为个体的一个认知因素，成为联结恢复体验与员工创造力的桥梁。在个体内层面上检验了创造力自我效能感对周末恢复体验的不同维度与每周员工创造力之间不同关系的调节作用。研究结果表明，创造力自我效能感正向调节周末心理脱离、周末放松体验和周末掌握体验与每周员工创造力之间的正向关系；虽然周末控制体验对每周员工创造力没有显著的正向作用，但是当个体创造力自我效能感高的情况下，周末控制体验对每周员工创造力具有显著的正向关系。在个体内层面上，创造力自我效能感代表了个体差异因素，成为不同员工，周末参与恢复体验促进工作中创造力的不同内在动力。

通过对上述研究结论比对可以发现：创造力自我效能感在个体间层面和个体内层面的理论模型中发挥着不同的行为效应。在个体间层面上，创造力自我效能感作为重要的认知因素发挥着中介作用；在个体内部层面上，创造力自我效能感作为个体特征变量发挥着调节作用。这表明：(1) 个体的创造力自我效能感是实现员工创造力和创新行为的"内驱力"，是个体一般自我效能感的一部分，具有稳定的个体间差异特性，因此，这种个体间差异的特性可以整合其不同层面上的作用效果。(2) 在长时期内，控制体验对员工创造力的正向作用相对较弱；而在短时间段内，控制体验不具有正向作用了，但是针对高创造力自我效能感的员工而言，他们在周末对工作、家庭、社交、低能耗等事件上的决断力和控制力,可以帮助其在接下来的工作日中从事创造性任务,同时也促使学者们进一步去检验非工作时间控制体验和工作时间控制体验(Trougagus et al.,2014)的作用。(3)在个体间层面上,心理脱离通过创造力自我效能感的完全中介作用促进员工创造力的研究结果,其一说明了创造力自我效能感不能揭示心理脱离对员工创造力的曲线效应;其二说明了创造力自我效能感的中介作用对心理脱离的作用过程有着不同于其他恢复心理策略的解释力度。也就是说,心理脱离对员工创造力的作用机制是相对复杂的,创造力自我效能感不能揭示心理脱离对员工创造力的曲线效应,引入与创造力自我效能感作用相反的构念,可能有助于解决现有研究结果反映的新现象。最后的补充研究发现,个体间层面的创造力自我效能感对每日员工创造力具有显著的正向影响,这也再次验证了阿马比尔等(Amaible et al.,2005)在日志调研中得出的结论。

结论五:工作复杂性在个体间层面与个体内层面的作用比较

在个体间层面上检验了工作复杂性在不同恢复体验与员工创造力之间关系的调节作用,以及试图验证工作复杂性的被创造力自我效能感中介的调节作用。研究结果表明,工作复杂性在心理脱离、放松体验、控制体验和掌握体验分别与员工创造力自我效能感的关系中起到负向调节作用,但是工作复杂性的被中介的调节作用对恢复体验各个维度对员工创造力的总效应不显著。

在个体内层面上检验了工作复杂性对周末恢复体验的不同维度与每周员工创造力之间不同关系的调节作用。研究结果表明,工作特征的工作复杂性负向调节周末心理脱离、周末放松体验和周末掌握体验与每周员工创造力之间的正向关系;而对周末控制体验与每周员工创造力之间的关系没有显著作用。

通过对上述研究结论比对可以发现：(1) 基于工作层面的工作特征变量这一视角，工作复杂性在个体间层面和个体内层面上的调节作用几乎保持了统一，即体现工作的复杂要求在员工工作行为和绩效方面的情境权变作用。工作复杂性代表的组织情境强度往往限定了员工创造力的理论模型的作用边界。(2) 在个体层面上，工作复杂性的被中介的调节作用没有得到实证结果的支持。这可能用工作复杂性的不同个体感知来解释更适合。正如工作复杂性体现的工作特征要求在个体间的感知程度是不同的(Joo & Lim, 2009; London & Klimosk, 1975)，而作为工作特征的工作复杂性是一种组织情境，不同于其引发的个体对工作复杂性的感知(perception of job complexity)。工作复杂性感知在很大程度上构成了创造力自我效能感的来源(Tierney & Farmer, 2002)。因此，无论工作复杂程度如何，恢复体验都会对创造力具有一定的影响。(3) 周末控制体验对每周员工创造力的直接作用不显著，工作复杂性对二者关系的调节作用也不显著，这表明工作复杂程度并不是改善周末控制体验对下一个工作周员工创造力水平的预测效果。

总之，本书的结论对创造力领域的发展提供了一定的借鉴意义，但仍有一些研究不足与未来研究方向值得探讨。(1) 聚焦在恢复体验不同维度对员工创造力的影响机制。正如研究结果所指出的那样，无论在个体间层面还是个体内层面上，仅仅引入创造力自我效能感和工作复杂性似乎还不足以彻底解释恢复体验不同维度的行为效应。例如，在个体间层面上，创造力自我效能感还不足以解释心理脱离的曲线效应，在未来研究中，引入与创造力自我效能感作用相反的构念可能会有助于解决现有研究结果反映的新现象。与此类似，在未来研究中，引入中国文化的情境变量探究对恢复体验的各个维度以及与其关联的具体恢复活动的动态效应,将会是一个有趣的研究方向。(2)从动态视角下的个体内层面上揭示了周末恢复体验影响下一个工作周的员工创造力的因果关系。已有研究也指出,创造力会影响个体的情绪或者情绪变换(Amabile et al.,2005),可以预期每周(每日)的个体创造力也可能会影响周末(晚上)的恢复状态。在未来研究中,以工作周或工作日为时间截面的恢复体验与创造力的动态演化关系或许可以有进一步的探索。(3)三个实证研究的样本对应着三批嵌套数据源。其中,第四章需要收集不同职业的研究被试信息,如果能够根据中国官方规定的所有职业类别收集数据,将会增加恢复体验问卷在中国情景下的统计效力和推广性,但目前而言,单凭现有资源还无法完全做到这一点。第五章中是横截面数据,由于工作复杂性和创造力都是受行业特征影响的变量,在取样时能够聚焦同一个行业、同等规模的企业,无疑会增强研究结论的可靠性,但在现有写作条件下,获取这样的数据源是比较困难的。第六章的样本量是76份,根据已有研究文献,从个体内研究的角度看研究的样本数量并不少,但是如果能够获得200份左右的有效样本,本书将可以进一步验证同源多层次上变量间的关系同构,而这也将是后续研究值得深入挖掘的。

参 考 文 献

中文专著

［1］陈晓萍,徐淑英,樊景立. 组织与管理研究的实证方法［M］. 北京：北京大学出版社,2008.

［2］侯杰泰,温忠麟,成子娟. 结构方程模型及其应用［M］. 北京：教育科学出版社,2004.

［3］李怀祖. 管理研究方法论［M］. 西安：西安交通大学出版社,2004.

［4］马庆国. 管理统计：数据获取、统计原理、SPSS工具与应用研究［M］. 北京：科学出版社,2002.

［5］吴明隆. 结构方程模型——AMOS的操作与应用［M］. 重庆：重庆大学出版社,2009.

译著

［1］［美］斯蒂芬·W. 劳登布什,安东尼·S. 布里克. 分层线性模型：应用与数据分析方法［M］. 郭志刚,等译. 北京：社会科学文献出版社,2007.

［2］［美］班杜拉. 自我效能：控制的实施（上、下册）［M］. 缪小春,主译. 上海：华东师范大学出版社,2003.

［3］［美］班杜拉. 思想和行动的社会基础：社会认知论（上、下

册)[M]. 林颖,等译. 皮连生,审校. 上海：华东师范大学出版社,2001.

中文期刊

[1] 曾慧萍,郑雅文. 台湾中文工作内容量表[J]. 台湾卫志,2012,21(6)：420-432.

[2] 陈晨,时勘,陆佳芳. 变革型领导与创新行为：一个被调节的中介作用模型[J]. 管理科学,2015(4)：11-22.

[3] 邓玉林,达庆利,王文平. 知识工作设计与知识型员工薪酬策略[J]. 中国工业经济,2006(8)：93-100.

[4] 丁栋虹,张翔. 创造力自我效能对员工创造力的影响机制[J]. 经济与管理研究,2016,37(9)：115-125.

[5] 高中华,赵晨,李超平,等. 高科技企业知识员工心理资本对其离职意向的影响研究——基于资源保存理论的调节中介模型[J]. 中国软科学,2012(3)：138-148.

[6] 高中华,赵晨. 知识员工角色压力对生活满意度的影响研究——一个被调节的中介效应模型[J]. 科研管理,2015,36(11)：162-169.

[7] 顾远东,彭纪生. 组织创新氛围对员工创新行为的影响：创新自我效能感的中介作用[J]. 南开管理评论,2010,13(1)：30-41.

[8] 郭靖,周晓华,林国雯,等. 工作要求—控制模型在中国产业工人的应用：响应面分析与曲线关系[J]. 管理世界,2014(11)：80-94.

[9] 黄杰,吴国强,王延松,等. 工作要求-资源模型与工作倦怠的相互影响[J]. 心理科学,2015(3)：708-714.

[10] 黄亮,彭璧玉. 工作幸福感对员工创新绩效的影响机制——一个多层次被调节的中介模型[J]. 南开管理评论,2015,18(2):15-29.

[11] 江静,杨百寅. 领导-成员交换、内部动机与员工创造力——工作多样性的调节作用[J]. 科学学与科学技术管理,2014(1):165-172.

[12] 金杨华,谢瑶瑶. 伦理型领导对知识员工公正感和满意度的影响[J]. 科研管理,2015,36(12):75-82.

[13] 李爱梅,夏萤,高结怡,等. 下班后能否从工作中解脱?——员工心理脱离的影响因素、作用机制与研究展望[J]. 外国经济与管理,2015,37(2):59-68.

[14] 李光丽,段兴民. R&D人员工作压力和创造力关系的实证研究[J]. 科技与经济,2011,24(4):82-86.

[15] 林崇德,张文新. 认知发展与社会认知发展[J]. 心理发展与教育,1996(1):50-55.

[16] 刘新梅,崔天恒,沈力. 工作压力与员工创造力:人格特征的调节作用[J]. 西安交通大学学报(社会科学版),2016,36(4):37-44.

[17] 刘云,石金涛. 组织创新气氛对员工创新行为的影响过程研究——基于心理授权的中介效应分析[J]. 中国软科学,2010(3):133-144.

[18] 马红宇,谢菊兰,唐汉瑛. 组织分割供给与工作情绪衰竭的关系:工作心理脱离和工作→非工作冲突的中介作用[J]. 心理与行为研究,2014,12(4):527-532.

[19] 马红宇,周殷,谢菊兰,等. 心理脱离在工作连通行为与工作、家庭冲突间的中介作用[J]. 中国健康心理学杂志,2014,22

(3)：389-391.

[20] 瞿皎姣,曹霞,崔勋. 基于资源保存理论的组织政治知觉对国有企业员工工作绩效的影响机理研究[J]. 管理学报,2014,11(6)：852-860.

[21] 曲如杰,王林,尚洁,等. 辱虐型领导与员工创新：员工自我概念的作用[J]. 管理评论,2015,27(8)：90-101.

[22] 尚玉钒,李磊. 领导行为示范、工作复杂性、工作调节焦点与创造力[J]. 科学学与科学技术管理,2015(6)：147-158.

[23] 王端旭,赵轶. 工作自主性、技能多样性与员工创造力：基于个性特征的调节效应模型[J]. 商业经济与管理,2011(10)：43-50.

[24] 王国猛,孙吴信宜,郑全全,等. 情绪创造力对员工创新行为的影响：情绪社会建构理论的视角[J]. 心理科学,2016(1)：124-130.

[25] 王辉,李晓轩,罗胜强. 任务绩效与情境绩效二因素绩效模型的验证[J]. 中国管理科学,2003,11(4)：79-84.

[26] 王磊. 中国家族企业成长中差序式领导对员工及团队创造力的影响：一个跨层次跟踪研究[J]. 心理科学进展,2015,23(10)：1688-1700.

[27] 王永跃,叶佳佳. 伦理型领导、创造力自我效能感及员工创造力：绩效的调节作用[J]. 科学学与科学技术管理,2015,36(9)：164-172.

[28] 吴伟炯,刘毅,谢雪贤. 国外恢复体验研究述评与展望[J]. 外国经济与管理,2012,34(11)：44-51.

[29] 武宏林,赵欣. 研发人员的缓压模型：工作复杂性与成就目标导向的匹配[J]. 现代商业,2013(9)：255-256.

[30] 席猛,许勤,仲为国,等. 辱虐管理对下属沉默行为的影

响——一个跨层次多特征的调节模型[J]. 南开管理评论, 2015,18(3): 132-140+150.

[31] 谢瑶,顾琴轩. 技能多样性对员工创造力及工作绩效的影响研究——心理所有权与工作反馈视角[J]. 科学学与科学技术管理,2015,36(4): 162-169.

[32] 徐振亭,罗瑾琏. 自我牺牲型领导对员工创造力的影响——创造力支持氛围的跨层次效应[J]. 科学学与科学技术管理, 2016,37(11): 166-180.

[33] 杨付,张丽华. 团队沟通、工作不安全氛围对创新行为的影响: 创造力自我效能感的调节作用[J]. 心理学报,2012,44(10): 1383-1401.

[34] 韵江. 战略过程的研究进路与论争: 一个回溯与检视[J]. 管理世界,2011(11): 142-163.

[35] 张鼎昆,方俐洛,凌文辁. 自我效能感的理论及研究现状[J]. 心理学动态,1999,16(1): 39-43+11.

[36] 张巍,任浩,曲怡颖. 从创意到创新: 公平感知与齐美尔联结的作用[J]. 科学学研究,2015,33(11): 1621-1633+1748.

[37] 张一弛,刘鹏,尹劲桦,等. 工作特征模型: 一项基于中国样本的检验[J]. 经济科学,2005(4): 117-125.

[38] 张轶文,甘怡群. 中文版Utrecht工作投入量表(UWES)的信效度检验[J]. 中国临床心理学杂志,2005,13(3): 268-270+281.

[39] 张勇,龙立荣. 绩效薪酬对雇员创造力的影响: 人-工作匹配和创造力自我效能的作用[J]. 心理学报,2013,45(3): 363-376.

[40] 赵简,孙健敏,张西超. 工作要求-资源、心理资本对工作家庭关系的影响[J]. 心理科学,2013(1): 170-174.

[41] 赵西萍,杨晓萍. 复杂工作环境下心理资本的研究[J]. 科技管理研究,2009(6):409-411.

[42] 赵新宇,尚玉钒,李瑜佳. 基于高校科研团队的领导语言框架、工作复杂性、认知评价与创造力关系研究[J]. 管理学报,2016,13(5):671-679.

[43] 郑建君,金盛华,马国义. 组织创新气氛的测量及其在员工创新能力与创新绩效关系中的调节效应[J]. 心理学报,2009,41(12):1203-1214.

[44] 周浩,龙立荣. 工作不安全感、创造力自我效能对员工创造力的影响[J]. 心理学报,2011,43(8):929-940.

学位论文

[1] 陈晓. 组织创新氛围影响员工创造力的过程模型研究[D]. 浙江大学,2006.

[2] 郭晓薇. 企业员工组织公民行为影响因素的研究[D]. 华东师范大学,2004.

[3] 韩夏筱. 员工主观幸福感、情感承诺和情境绩效的关系研究[D]. 清华大学,2010.

[4] 刘迎. 组织支持感与反生产行为的关系研究:工作复杂性的调节作用[D]. 东北财经大学,2014.

[5] 鲁家风. 基于信任的工作复杂性与知识分享的关系研究[D]. 东华大学,2013.

[6] 田宪华. 大学生休闲活动中的流畅体验与身心健康的关系[D]. 东北师范大学,2010.

[7] 童兴. 时间压力、工作复杂性对员工创造力的影响——尽责心和信任的调节作用[D]. 南京大学,2016.

[8] 杨术. 威权领导、员工沉默行为与员工绩效关系研究[D]. 吉林大学,2016.

[9] 钟芳冰. 团队内部社会资本、团队氛围与团队创造力的关系研究[D]. 南京航空航天大学,2011.

英文专著

[1] Bandura A. Self-Efficacy: the Exercise of Control[M]. New York: Freeman, 1997.

[2] Bandura A. Social Foundations of Thought and Action: A Social Cognitive Theory [M]. Englewood Cliffs, NJ: Prentic-Hall, 1986.

[3] Bryk, A S, Raudenbush, S W. Hierarchical Linear Models [M]. Newbury Park, CA: Sage, 1992.

[4] Goldberg D. Manual of the General Health Questionnaire [M]. London: Oxford University Press, 1978.

[5] Organ D W, Podsakoff P M, MacKenzie S B. Orgnizational Citizenship Behavior: Its Nature, Antecedents and Consequences[M]. Thousand Oaks: Sage, 2006.

[6] Semmer N, Frese M. Implications of Action Theory for Cognitive Therapy [M]. Foundations of Cognitive Therapy, 1984.

[7] Sternberg R J. The Triarchic Mind: A New Theory of Human Intelligence [M]. Viking Pr, 1988.

英文期刊

[1] Amabile T M, Barsade S G, Mueller J S, et al. Affect and

creativity at work [J]. Administrative Science Quarterly, 2005, 50 (3): 367-403.

[2] Amabile T M, Conti R, Coon H, et al. Assessing the work environment for creativity[J]. Academy of Management Journal, 1996, 39 (5): 1154-1184.

[3] Amabile T M, Gryskiewicz N D. The creative environment scales: work environment inventory [J]. Creativity Research Journal, 1989, 2 (4): 231-253.

[4] Amabile T M, Hadley C N, Kramer S J. Creativity under the gun [J]. Harvard Business Review, 2002, 80 (8): 52-60.

[5] Amabile T M. A model of creativity and innovation in organizations [J]. Research in Organizational Behavior, 1988, 10 (1): 123-167.

[6] Amabile T M. Entrepreneurial creativity through motivational synergy [J]. The Journal of Creative Behavior, 1997, 31 (1): 18-26.

[7] Amabile T M. The social psychology of creativity: a componential conceptualization [J]. Journal of Personality and Social psychology, 1983, 45 (2): 357.

[8] Ashforth B E, Fugate M. All in a day's work: boundaries and micro role transitions [J]. Academy of Management Review, 2000, 25 (3): 472-491.

[9] Axtell C M, Holman D J, Unsworth K L, et al. Shopfloor innovation: facilitating the suggestion and implementation of ideas [J]. Journal of Occupational and Organizational

Psychology, 2000, 73 (3): 265-285.

[10] Baer M, Oldham G R, Cummings A. Rewarding creativity: when does it really matter? [J]. Leadership Quarterly, 2003, 14 (4-5): 569-586.

[11] Baer M, Oldham G R. The curvilinear relation between experienced creative time pressure and creativity: moderating effects of openness to experience and support for creativity [J]. Journal of Applied Psychology, 2006, 91 (4): 963-970.

[12] Bagozzi R P, Yi Y, Nassen K D. Representation of measurement error in marketing variables: review of approaches and extension to three-facet designs [J]. Journal of Econometrics, 1998, 89 (1): 393-421.

[13] Bakker A B, Demerouti E, Oerlemans W, et al. Workaholism and daily recovery: a day reconstruction study of leisure activities [J]. Journal of Organizational Behavior, 2013, 34 (1): 87-107.

[14] Bakker A B, Sanz-Vergel A I, Rodríguez-Muñoz A, et al. The state version of the recovery experience questionnaire: a multilevel confirmatory factor analysis [J]. European Journal of Work and Organizational Psychology, 2014, 24 (3): 350-359.

[15] Bakker A B, Bal M P. Weekly work engagement and performance: a study among starting teachers [J]. Journal of Occupational and Organizational Psychology, 2010, 83 (1): 189-206.

[16] Bandura A. Self-efficacy: toward a unifying theory of behavioral change [J]. Psychological Review, 1977, 84 (2): 191-215.

[17] Bandura A. The self system in reciprocal determinism [J]. American Psychologist, 1978, 33: 344-358.

[18] Bandura A, Wood R. Effect of perceived controllability and performance standards on self-regulation of complex decision making [J]. Journal of Personality and Social Psychology, 1989, 56 (5): 805-814.

[19] Bandura A, Locke E A. Negative self-efficacy and goal effects revisited [J]. Journal of Applied Psychology, 2003, 88 (1): 87-99.

[20] Baron R M, Kenny D A. The moderator-mediator variable distinction in social psychological research: conceptual, strategic, and statistical considerations [J]. Journal of Personality and Social Psychology, 1986, 51 (6): 1173-1182.

[21] Barrick M R, Mount M K. Autonomy as a moderator of the relationship between the big five personality dimensions and job performance [J]. Journal of Applied Psychology, 1993, 78 (1): 111-118.

[22] Binnewies C, Sonnentag S, Mojza E J. Daily performance at work: feeling recovered in the morning as a predictor of day-level job performance [J]. Journal of Organizational Behavior, 2009, 30 (1): 67-93.

[23] Binnewies C, Sonnentag S, Mojza E J. Recovery during the

weekend and fluctuations in weekly job performance: a week-level study examining intra-individual relationships [J]. Journal of Occupational and Organizational Psychology, 2010, 83 (2): 419-441.

[24] Bledow R, Rosing K, Frese M. A dynamic perspective on affect and creativity [J]. Academy of Management Journal, 2013, 56 (2): 432-450.

[25] Breevaart K, Bakker A B, Demerouti E. Daily self-management and employee work engagement [J]. Journal of Vocational Behavior, 2014, 84 (1): 31-38.

[26] Byron K, Khazanchi S, Nazarian D. The relationship between stressors and creativity: a meta-analysis examining competing theoretical models [J]. Journal of Applied Psychology, 2010, 95: 201-212.

[27] Cardinal L B. Technological innovation in the pharmaceutical industry: the use of organizational control in managing research and development[J]. Organization Science, 2001, 12: 19-36.

[28] Carmeli A, Schaubroeck J. The influence of leaders' and other referents' normative expectations on individual involvement in creative work [J]. Leadership Quarterly, 2007, 18 (1): 35-48.

[29] Cervone D, Peake P K. Anchoring, efficacy, and action. The influence of judgmental heuristics on self-efficacy judgments and behavior [J]. Journal of Personality and Social Psychology, 1986, 50 (3): 492-501.

[30] Chen C C, Huang W J, Petrick J F. Holiday recovery experiences, tourism satisfaction and life satisfaction-is there a relationship? [J]. Tourism Management, 2016, 53: 140-147.

[31] Chen M, Liang J. Unpacking the relationship between transformational leadership and employee creativity [J]. Academy of Management Annual Meeting Proceedings, 2015, 2015 (1): 11562.

[32] Chungyan G A. The nonlinear effects of job complexity and autonomy on job satisfaction, turnover, and psychological well-being [J]. Journal of Occupational Health Psychology, 2010, 15 (3): 237-51.

[33] Coelho F, Augusto M. Job characteristics and the creativity of frontline service employees [J]. Journal of Service Research, 2010, 13 (2): 426-438.

[34] Cooper W H, Withey M J. The strong situation hypothesis [J]. Personality and Social Psychology Review, 2009, 13 (1): 62-72.

[35] Csikszentmihalyi M, Larson R, Prescott S. The ecology of adolescent activity and experience [J]. Journal of Youth and Adolescence, 1977, 6 (3): 281-294.

[36] de Jonge J, Spoor E, Sonnentag S, et al. "Take a break?!" off-job recovery, job demands, and job resources as predictors of health, active learning, and creativity [J]. European Journal of Work and Organizational Psychology, 2012, 21 (3): 321-348.

[37] Dean J W, Snell S A. Integrated manufacturing and job design: moderating effects of organizational inertia [J]. Academy of Management Journal, 1991, 34 (4): 776-804.

[38] Deci E L, Ryan R M. The "what" and "why" of goal pursuits: human needs and the self-determination of behavior [J]. Psychological Inquiry, 2000, 11 (4): 227-268.

[39] Demerouti E, Bakker A B, Bulters A J. The loss spiral of work pressure, work-home interference and exhaustion: reciprocal relations in a three-wave study [J]. Journal of Vocational Behavior, 2004, 64 (1): 131-149.

[40] Bayer Demerouti E, Nachreiner F, Bakker A B, et al. The job demands-resources model of burnout [J]. Journal of Applied Psychology, 2001, 86 (3): 499-512.

[41] Diener Ed, Robert A E, Randy J L, et al. The satisfaction with life scale[J]. J Pers Assess, 1985, 49 (1): 71-75.

[42] Dimotakis N, Scott B A, Koopman J. An experience sampling investigation of workplace interactions, affective states, and employee well-being [J]. Journal of Organizational Behavior, 2011, 32 (4): 572-588.

[43] Eschleman K J, Madsen J, Alarcon G, et al. Benefiting from creative activity: the positive relationships between creative activity, recovery experiences, and performance-related outcomes [J]. Journal of Occupational and Organizational Psychology, 2014, 87 (3): 579-598.

[44] Ettlie J E, Bridges, W P, O'Keffe R D. Organization

strategy and structuraldifferences for radical versus incremental innovation [J]. Management Science, 1984, 30: 682-695.

[45] Etzion D, Eden D, Lapidot Y. Relief from job stressors and burnout: reserve service as a respite [J]. Journal of Applied Psychology, 1998, 83 (4): 577-585.

[46] Farh J L, Zhong C B, Organ D W. Organizational citizenship behavior in the People's Republic of China[J]. Organization Science, 2004, 15 (2): 241-253.

[47] Farmer S M, Kung-Mcintyre K. Employee creativity in Taiwan: an application of role identity theory [J]. Academy of Management Journal, 2003, 46 (5): 618-630.

[48] Fay D, Sonnentag S. Rethinking the effects of stressors: a longitudinal study on personal initiative [J]. Journal of Occupational Health Psychology, 2002, 7 (3): 221-234.

[49] Feist G J. A meta-analysis of personality in scientific and artistic creativity [J]. Personality and Social Psychology Review, 1998, 2 (4): 290-309.

[50] Feldhusen J F, Goh B E. Assessing and accessing creativity: an integrative review of theory, research, and development [J]. Creativity Research Journal, 1995, 8 (3): 231-247.

[51] Feldt T, Huhtala M, Kinnunen U, et al. Long-term patterns of effort-reward imbalance and over-commitment: investigating occupational well-being and recovery experiences as outcomes [J]. Work and Stress, 2013, 27

(1): 64-87.

[52] Ford C M. A theory of individual creative action in multiple social domains [J]. Academy of Management Review, 1996, 21 (4): 1112-1142.

[53] Fornell C, Larcker D F. Evaluating structural equation models with unobservable variables and measurement error [J]. Journal of Marketing Research, 1981, 18 (1): 39-50.

[54] Fritz C, Sonnentag S. Recovery, well-being, and performance-related outcomes: the role of workload and vacation experiences [J]. Journal of Applied Psychology, 2006, 91 (4): 936-945.

[55] Fritz C, Sonnentag S, Spector P E, et al. The weekend matters: relationships between stress recovery and affective experiences [J]. Journal of Organizational Behavior, 2010, 31 (8): 1137-1162.

[56] Fuller J A, Stanton J M, Fisher G G, et al. A lengthy look at the daily grind: time series analysis of events, mood, stress, and satisfaction [J]. Journal of Applied Psychology, 2003, 88 (6): 1019-1033.

[57] Garrick A, Mak A S, Cathcart S, et al. Psychosocial safety climate moderating the effects of daily job demands and recovery on fatigue and work engagement[J]. Journal of Occupational and Organizational Psychology, 2014, 87 (4): 694-714.

[58] George J M, Zhou J. Dual tuning in a supportive context: joint contributions of positive mood, negative mood, and

supervisory behaviors to employee creativity [J]. Academy of Management Journal, 2007, 50 (3): 605-622.

[59] George J M, Zhou J. Understanding when bad moods foster creativity and good ones don't: the role of context and clarity of feelings [J]. Journal of Applied Psychology, 2002, 87 (4): 687-697.

[60] Gist M E, Mitchell T R. Self-efficacy: a theoretical analysis of its determinants and malleability [J]. Academy of Management Review, 1992, 17 (2): 183-211.

[61] Gluschkoff K, Elovainio M, Keltikangasjarvinen L, et al. Recovery experiences and sleep problems as mediating mechanisms in the relationship between work stress and teacher burnout [J]. Psychotherapy and Psychosomatics, 2015, 84: 26-26.

[62] Gong Y, Huang J C, Farh J L. Employee learning orientation, transformational leadership, and employee creativity: the mediating role of employee creative self-efficacy [J]. Academy of Management Journal, 2009, 52 (4): 765-778.

[63] Gough H G. A creative personality scale for the adjective check list [J]. Journal of Personality and Social Psychology, 1979, 37 (8): 1398.

[64] Grebner S, Semmer N A. Working conditions and three types of well-being: a longitudinal study with self-report and rating data [J]. Journal of Occupational Health Psychology, 2005, 10 (1): 31-43.

[65] Griffin J M, Fuhrer R, Stansfeld S A, et al. The importance of low control at work and home on depression and anxiety: do these effects vary by gender and social class? [J]. Social Science and Medicine, 2002, 54 (5): 783-798.

[66] Gupta A K, Smith K G, Shalley C E. The interplay between exploration and exploitation [J]. Academy of Management Journal, 2006, 49: 639-708.

[67] Gutnick D, Walter F, Nijstad B A, et al. Creative performance under pressure: an integrative conceptual framework [J]. Organizational Psychology Review, 2012, 2 (3): 189-207.

[68] Hackman J R, Oldham G R. Development of the job diagnostic survey [J]. Journal of Applied Psychology, 1975, 60 (2): 159-170.

[69] Hahn V C, Binnewies C, Haun S. The role of partners for employees' recovery during the weekend [J]. Journal of Vocational Behavior, 2012, 80 (2): 288-298.

[70] Hahn V C, Binnewies C. Learning how to recover from job stress: effects of a recovery training program on recovery, recovery-related self-efficacy, and well-being[J]. Journal of Occupational Health Psychology, 2011, 16 (2): 202-216.

[71] Hahn V C, Dormann C. The role of partners and children for employees' psychological detachment from work and well-being [J]. Journal of Applied Psychology, 2013, 98 (1): 26-36.

[72] Hakanen J J, Peeters M C W, Perhoniemi R. Enrichment processes and gain spirals at work and at home: a 3-year cross-lagged panel study [J]. Journal of Occupational and Organizational Psychology, 2011, 84 (1): 8-30.

[73] Halbesleben J R, Wheeler A R, Paustianunderdahl S C. The impact of furloughs on emotional exhaustion, self-rated performance, and recovery experiences [J]. Journal of Applied Psychology, 2013, 98 (3): 492-503.

[74] Halbesleben J R. Sources of social support and burnout: a meta-analytic test of the conservation of resources model [J]. Journal of Applied Psychology, 2006, 91 (5): 1134-1145.

[75] Halbesleben J R B, Harvey J, Bolino M C. Too engaged? A conservation of resources view of the relationship between work engagement and work interference with family [J]. Journal of Applied Psychology, 2009, 94 (6): 1452-1465.

[76] Halbesleben J R B, Wheeler A R. The relative roles of engagement and embeddedness in predicting job performance and intention to leave [J]. Work and Stress, 2008, 22 (22): 242-256.

[77] Halbesleben J. The role of exhaustion and workarounds in predicting occupational injuries: a cross-lagged panel study of health care professionals [J]. Journal of Occupational Health Psychology, 2010, 15 (1): 1-16.

[78] Halbesleben J R, Bowler W M. Emotional exhaustion and

job performance: the mediating role of motivation [J]. Journal of Applied Psychology, 2007, 92 (1): 93-106.

[79] Halbesleben J R B, Neveu J P, Paustian-Underdahl S C. Getting to the "COR": understanding the role of resources in conservation of resources theory [J]. Journal of Management, 2014, 40 (5): 1334-1364.

[80] Hamaker E L, Nesselroade J R, Molenaar P C M. The integrated trait-state model [J]. Journal of Research in Personality, 2007, 41 (2): 295-315.

[81] Hatcher L, Ross T L, Collins D, et al. Prosocial behavior, job complexity, and suggestion contribution under gainsharing plans [J]. Journal of Applied Behavioral Science, 1989, 25 (25): 231-248.

[82] Heller D, Watson D, Ilies R. The dynamic process of life satisfaction [J]. Journal of Personality, 2006, 74 (5): 1421-1450.

[83] Heller D, Watson D, Ilies R. The role of person versus situation in life satisfaction: a critical examination [J]. Psychological Bulletin, 2004, 130 (4): 574-600.

[84] Henker N, Sonnentag S, Unger D. Transformational leadership and employee creativity: the mediating role of promotion focus and creative process engagement [J]. Journal of Business and Psychology, 2015, 30 (2): 235-247.

[85] Hobfoll S E, Shirom A. Conservation of resources theory: applications to stress and management in the workplace

[J]. Public Policy and Administration, 2001a, 87: 57-80.

[86] Hobfoll S E. Conservation of resources: a new attempt at conceptualizing stress [J]. American Psychologist, 1989, 44 (3), 513-524.

[87] Hutzschenreuter T, Kleindienst I. Strategy-process research: what have we learned and what is still to be explored [J]. Journal of Management, 2006, 32 (5): 673-720.

[88] Ivcevic Z. Artistic and everyday creativity: an act-frequency approach [J]. The Journal of Creativity Behavior, 2007, 41 (4): 271-290.

[89] Jackson P R, Wall T D, Martin R, et al. New measures of job control, cognitive demand, and production responsibility [J]. Journal of Applied Psychology, 1993, 78 (5): 753-762.

[90] James C Beaty Jr, Jeanette N Cleveland, Kevin R Murphy. The relation between personality, and contextual performance in, "strong" versus "weak" situations [J]. Human Performance, 2001, 14 (2): 125-148.

[91] Jaussi K S, Dionne S D. Leading for creativity: the role of unconventional leader behavior [J]. Leadership Quarterly, 2003, 14 (4-5): 475-498.

[92] Joo B K, Lim T. The effects of organizational learning culture, perceived job complexity, and proactive personality on organizational commitment and intrinsic motivation [J]. Journal of Leadership and Organizational Studies, 2009, 16

(1): 48-60.

[93] Jonathon R B Halbesleben, Wheeler A R. I owe you one: coworker reciprocity as a moderator of the day-level exhaustion-performance relationship [J]. Journal of Organizational Behavior, 2011, 32 (4): 608-626.

[94] Judge T A, Thoresen C J, Bono J E, Patton G K. The job satisfaction-job performance relationship: a qualitative and quantitative review [J]. Psychological Bulletin, 2001, 127 (127): 376-407.

[95] Karasek R A. Job demands, job decision latitude, and mental strain: implications for job redesign [J]. Administrative Science Quarterly, 1979, 24 (2): 285-308.

[96] Keith James, Marc Brodersen, Jacob Eisenberg. Workplace affect and workplace creativity: a review and preliminary model [J]. Human Performance, 2004, 17 (2): 169-194.

[97] Kimberly S Jaussi, Amy E Randel. Where to look? Creative self-efficacy, knowledge retrieval, and incremental and radical creativity [J]. Creativity Research Journal, 2014, 26 (4): 400-410.

[98] Kinnunen U, Feldt T, Siltaloppi M, et al. Job demands-resources model in the context of recovery: testing recovery experiences as mediators [J]. European Journal of Work and Organizational Psychology, 2011, 20 (20): 805-832.

[99] Kinnunen U, Feldt T. Job characteristics, recovery experiences and occupational well-being: testing cross-lagged relationships across 1 year [J]. Stress and Health,

2013, 29 (5): 369-382.

[100] Kirton M. Adaptors and innovators: a description and measure [J]. Journal of Applied Psychology, 1976, 61 (5): 622-629.

[101] Kubicek B, Korunka C. Does job complexity mitigate the negative effect of emotion-rule dissonance on employee burnout? [J]. Work and Stress, 2015, 29 (4): 379-400.

[102] Kühnel J, Sonnentag S, Westman M. Does work engagement increase after a short respite? The role of job involvement as a double-edged sword [J]. Journal of Occupational and Organizational Psychology, 2009, 82 (3): 575-594.

[103] Kumar R, Goel A. Organizational citizenship behavior: its nature, antecedents, and consequences [J]. Personnel Psychology, 2006, 59 (2): 484-487.

[104] Kurtzberg T R. Feeling creative, being creative: an empirical study of diversity and creativity in teams [J]. Creativity Research Journal, 2005, 17 (1): 51-65.

[105] Larsen R J, Diener E, Emmons R A. An evaluation of subjective well-being measures [J]. Social Indicators Research, 1985, 17 (1): 1-17.

[106] Lapierre L M, Hammer L B, Truxillo D M, et al. Family interference with work and workplace cognitive failure: the mitigating role of recovery experiences [J]. Journal of Vocational Behavior, 2012, 81 (2): 227-235.

[107] Law K S, Wong C S, Song L J. The construct and

criterion validity of emotional intelligence and its potential utility for management studies [J]. Journal of Applied Psychology, 2004, 89 (3): 483-496.

[108] Lee R T, Ashforth B E. A meta-analytic examination of the correlates of the three dimensions of job burnout [J]. Journal of Applied Psychology, 1996, 81 (2): 123-133.

[109] Lee K H, Choo S W, Hyun S S. Effects of recovery experiences on hotel employees' subjective well-being [J]. International Journal of Hospitality Management, 2016, 52: 1-12.

[110] Lee K, Allen N J. Organizational citizenship behavior and workplace deviance: the role of affect and cognitions [J]. Journal of Applied Psychology, 2002, 87 (1): 131-142.

[111] Leitner K, Resch M G. Do the effects of job stressors on health persist over time? A longitudinal study with observational stressor measures [J]. Journal of Occupational Health Psychology, 2005, 10 (1): 18-30.

[112] Li J, Burch T C. The joint impact of job complexity, autonomy, and personality differences on employee job stress [J]. Academy of Management Annual Meeting Proceedings, 2013, 2013 (1): 12993.

[113] Li L, Li G, Shang Y, Xi Y. When does perceived leader regulatory-focused modeling lead to subordinate creativity? The moderating role of job complexity [J]. International Journal of Human Resource Management, 2015, 26 (22): 1-16.

[114] Lilius J M. Recovery at work: understanding the restorative side of "depleting" client interaction [J]. Academy of Management Review, 2012, 37 (4): 569-588.

[115] Linden W, Earle T L, Gerin W, et al. Physiological stress reactivity and recovery: conceptual siblings separated at birth? [J]. Journal of Psychosomatic Research, 1997, 42 (2): 117-135.

[116] London M, Klimoski R J. A study of perceived job complexity [J]. Personnel Psychology, 1975, 28 (1): 45-56.

[117] Luchman J N, Gonzálezmorales M G. Demands, control, and support: a meta-analytic review of work characteristics interrelationships [J]. Journal of Occupational Health Psychology, 2013, 18 (1): 37-52.

[118] Madjar N, Oldham G R, Pratt M G. There's no place like home? The contributions of work and nonwork creativity support to employees' creative performance [J]. Academy of Management Journal, 2002, 45 (4): 757-767.

[119] Michael L A H, Hou S T, Fan H L. Creative self-efficacy and innovative behavior in a service setting: optimism as a moderator [J]. The Journal of Creative Behavior, 2011, 45 (4): 258-272.

[120] Mischel W, Shoda Y. A cognitive-affective system theory of personality: reconceptualizing situations, dispositions, dynamics, and invariance in personality structure [J].

Psychological review, 1995, 102 (2): 246.

[121] Mojza E J, Lorenz C, Sonnentag S, et al. Daily recovery experiences: the role of volunteer work during leisure time [J]. Journal of Occupational Health Psychology, 2010, 15 (1): 60-74.

[122] Moreno-Jiménez B, Mayo M, Sanz-vergel A I, et al. Effects of work-family conflict on employees' well-being: the moderating role of recovery strategies [J]. Journal of Occupational Health Psychology, 2008, 14 (4): 427-440.

[123] Mumford M D. Where have we been, where are we going? Taking stock in creativity research [J]. Creativity Research Journal, 2003, 15: 107-120.

[124] Muraven M, Baumeister R F. Self-regulation and depletion of limited resources: does self-control resemble a muscle? [J]. Psychological Bulletin, 2000, 126 (2): 247-259.

[125] Ng T W H, Feldman D C. How broadly does education contribute to job performance? [J]. Personnel Psychology, 2009, 62 (1): 89-134.

[126] Ng T W H, Feldman D C. Employee voice behavior: a meta-analytic test of the conservation of resources framework [J]. Journal of Organizational Behavior, 2012, 33 (2): 216-234.

[127] Nurmi N, Hinds P J. Job complexity and learning opportunities: a silver lining in the design of global virtual work [J]. Journal of International Business Studies,

2016, 47 (6): 1-24.

[128] Oerlemans W G M, Bakker A B, Demerouti E. How feeling happy during off-job activities helps successful recovery from work: a day reconstruction study [J]. Work and Stress, 2014, 28 (2): 198-216.

[129] Ohly S, Sonnentag S, Niessen C, et al. Diary studies in organizational research [J]. Journal of Personnel Psychology, 2015, 9 (2): 79-93.

[130] Ohly S, Sonnentag S, Pluntke F. Routinization, work characteristics and their relationships with creative and proactive behaviors [J]. Journal of Organizational Behavior, 2006, 27 (3): 257-279.

[131] Oldham G R, Cummings A. Employee creativity: personal and contextual factors at work [J]. Academy of Management Journal, 1996, 39 (3): 607-634.

[132] Oldham G R, Stepina L P. Physical environments and employee reactions: effects of stimulus-screening skills and job complexity [J]. Academy of Management Journal, 1991, 34 (4): 929-938.

[133] Malik M A R, Butt A N, Choi J N. Rewards and employee creative performance: moderating effects of creative self-efficacy, reward importance, and locus of control [J]. Journal of Organizational Behavior, 2015, 36 (1): 59-74.

[134] Park Y, Fritz C. Spousal recovery support, recovery experiences, and life satisfaction crossover among dual-

earner couples [J]. Journal of Applied Psychology, 2014, 100 (2): 557-566.

[135] Park Y A, Sprung J M. Weekly work-school conflict, sleep quality, and fatigue: recovery self-efficacy as a cross-level moderator [J]. Journal of Organizational Behavior, 2015, 36 (1): 112-127.

[136] Payne J W. Task complexity and contingent processing in decision making: an information search and protocol analysis [J]. Organizational Behavior and Human Performance, 1976, 16 (2): 366-387.

[137] Perry-Smith J E, Shalley C E. The social side of creativity: a static and dynamic social network perspective [J]. Academy of Management Review, 2003, 28 (1): 89-106.

[138] Perry-Smith J E. Social yet creative: the role of social relationships in facilitating individual creativity [J]. Academy of Management Journal, 2006, 49 (1): 85-101.

[139] Petrou P, Hetland J. Crafting a job on a daily basis: contextual correlates and the link to work engagement [J]. Journal of Organizational Behavior, 2012, 33 (8): 1120-1141.

[140] Pierce J L, Dunham R B. Task design: a literature review [J]. Academy of Management Review, 1976, 1 (4): 83-97.

[141] Podsakoff P M, Mackenzie S B, Paine J B, et al. Organizational citizenship behaviors: a critical review of

the theoretical and empirical literature and suggestions for future research[J]. Journal of Management, 2000, 26 (3): 513-563.

[142] Purvis M C L M. Job strain and rumination about work issues during leisure time: a diary study [J]. European Journal of Work and Organizational Psychology, 2003, 12 (3): 195-207.

[143] Purvis L J, Cropley M. The psychological contracts of national health service nurses [J]. Journal of Nursing Management, 2003, 11 (2): 107-120.

[144] Sanz-Vergel A I, Sebastián J, Rodríguezmuñoz A, et al. Adaptation of the "Recovery Experience Questionnaire" in a Spanish sample [J]. Psicothema, 2010, 22 (4): 990-996.

[145] Sarkar S, Kamilya D, Mal B C. How long do you benefit from vacation? A closer look at the fade-out of vacation effects [J]. Journal of Organizational Behavior, 2011, 32 (1): 125-143.

[146] Schaufeli W B, Salanova M, Gonzalez-Romá V, Bakker A B. The measurement of engagement and burnout: a confirmative analytic approach [J]. Journal of Happiness Studies 2002, 3 (1): 71-92.

[147] Schmidt J, Keil T. What makes a resource valuable? Identifying the drivers of firm-idiosyncratic resource value [J]. Academy of Management Review, 2013, 38 (2): 206-228.

[148] Schraub E M, Turgut S, Clavairoly V, et al. Emotion regulation as a determinant of recovery experiences and well-being: a day-level study[J]. International Journal of Stress Management, 2013, 20 (4): 309-335.

[149] Scott S G, Bruce R A. Determinants of innovative behavior: a path model of individual innovation in the workplace [J]. Academy of Management Journal, 1994, 37 (3): 580-607.

[150] Shalley C E, Blum T C. Interactive effects of growth need strength, work context, and job complexity on self-reported creative performance [J]. Academy of Management Journal, 2009, 52 (3): 489-505.

[151] Shalley C E, Gilson L L, Blum T C. Matching creativity requirements and the work environment: effects on satisfaction and intentions to leave [J]. Academy of Management Journal, 2000, 43 (2): 215-223.

[152] Shalley C E, Zhou J, Oldham G R. The effects of personal and contextual characteristics on creativity: where should we go from here? [J]. Journal of Management, 2004, 30 (6): 933-958.

[153] Shaw J D, Gupta N. Job complexity, performance, and well-being: when does supplies-values fit matter? [J]. Personnel Psychology, 2004, 57 (4): 847-879.

[154] Shen, Jie. Principles and applications of multilevel modeling in human resource management research [J]. Human Resource Management, 2015, 55 (6): 951-965.

[155] Shimazu A, Matsudaira K, Jonge J D, et al. Psychological detachment from work during non-work time: linear or curvilinear relations with mental health and work engagement? [J]. Industrial Health, 2016, 54 (3): 282-292.

[156] Shimazu A, Schaufeli W B, Kosugi S, et al. Work engagement in Japan: validation of the japanese version of the utrecht work engagement scale [J]. Applied Psychology, 2008, 57 (3): 510-523.

[157] Shimazu A, Sonnentag S, Kubota K, et al. Validation of the Japanese version of the recovery experience questionnaire [J]. Journal of Occupational Health, 2012, 54 (3): 196-205.

[158] Shin S J, Zhou J. Transformational leadership, conservation, and creativity: evidence from Korea [J]. Academy of Management Journal, 2003, 46 (6): 703-714.

[159] Siltaloppi M, Kinnunen U, Feldt T, et al. Identifying patterns of recovery experiences and their links to psychological outcomes across one year [J]. International Archives of Occupational and Environmental Health, 2011, 84 (8): 877-888.

[160] Siltaloppi M, Kinnunen U, Feldt T. Recovery experiences as moderators between psychosocial work characteristics and occupational well-being [J]. Work and Stress, 2009, 23 (4): 330-348.

[161] Siu O L, Cooper C L, Phillips D R. Intervention studies

on enhancing work well-being, reducing burnout, and improving recovery experiences among Hong Kong health care workers and teachers [J]. International Journal of Stress Management, 2014, 21 (1): 69-84.

[162] Siu O, Lu C, Spector P E. Employees' well-being in Greater China: the direct and moderating effects of general self-efficacy [J]. Applied Psychology, 2007, 56 (2): 288-301.

[163] Siu O, Spector P E, Cooper C L, et al. Work stress, self-efficacy, chinese work values, and work well-being in Hong Kong and Beijing[J]. International Journal of Stress Management, 2005, 12 (3): 274-288.

[164] Sonnentag S, Arbeus H. Exhaustion and lack of psychological detachment from work during off-job time: moderator effects of time pressure and leisure experiences [J]. Journal of Occupational Health Psychology, 2014, 19 (2): 206-216.

[165] Sonnentag S, Bayer U V. Switching off mentally: predictors and consequences of psychological detachment from work during off-job time [J]. Journal of Occupational Health Psychology, 2005, 10 (4): 393-414.

[166] Sonnentag S, Binnewies C, Mojza E J. "Did you have a nice evening?" a day-level study on recovery experiences, sleep, and affect [J]. Journal of Applied Psychology, 2008, 93 (3): 674-684.

[167] Sonnentag S, Binnewies C, Mojza E J. Staying well and

engaged when demands are high: the role of psychological detachment [J]. Journal of Applied Psychology, 2010, 95 (5): 965-976.

[168] Sonnentag S, Fritz C. The recovery experience questionnaire: development and validation of a measure for assessing recuperation and unwinding from work [J]. Journal of Occupational Health Psychology, 2007, 12 (3): 204-221.

[169] Sonnentag S, Fritz C. Recovery from job stress: the stressor-detachment model as an integrative framework [J]. Journal of Organizational Behavior, 2015, 36 (S1): S72-S103.

[170] Sonnentag S, Geurts S A E. Methodological issues in recovery research [J]. Research in Occupational Stress and Well Being, 2009, 7: 1-36.

[171] Sonnentag S, Kruel U. Psychological detachment from work during off-job time: the role of job stressors, job involvement, and recovery-related self-efficacy [J]. European Journal of Work and Organizational Psychology, 2006, 15 (2): 197-217.

[172] Sonnentag S, Kuttler I, Fritz C. Job stressors, emotional exhaustion, and need for recovery: a multi-source study on the benefits of psychological detachment [J]. Journal of Vocational Behavior, 2010, 76 (3): 355-365.

[173] Sonnentag S, Natter E. Flight attendants' daily recovery from work: is there no place like home? [J]. International Journal of Stress Management, 2004, 11 (4): 366-391.

[174] Sonnentag S, Niessen C. Staying vigorous until work is over: the role of trait vigour, day-specific work experiences and recovery [J]. Journal of Occupational and Organizational Psychology, 2008, 81 (3): 435-458.

[175] Sonnentag S, Unger D, Nägel I J. Workplace conflict and employee well - being: the moderating role of detachment from work during off-job time [J]. International Journal of Conflict Management, 2013, 24 (2): 166-183.

[176] Sonnentag S, Zijlstra F R H. Job characteristics and off-job activities as predictors of need for recovery, well-being, and fatigue [J]. Journal of Applied Psychology, 2006, 91 (2): 330-350.

[177] Sonnentag S. Psychological detachment from work during leisure time: the benefits of mentally disengaging from work [J]. Current Directions in Psychological Science, 2012, 21 (2): 114-118.

[178] Sonnentag S. Recovery, work engagement, and proactive behavior: a new look at the interface between nonwork and work [J]. Journal of Applied Psychology, 2003, 88 (3): 518-528.

[179] Sonnentag S. Work, recovery activities, and individual well-being: a diary study [J]. Journal of Occupational Health Psychology, 2001, 6 (3): 196-210.

[180] Spreitzer G M. Psychological empowerment in the workplace: dimensions, measurement, and validation [J]. Academy of Management Journal, 1995, 38 (5): 1442-

1465.

[181] Sternberg R J, Lubart T I. The concept of creativity: prospects and paradigms [J]. Handbook of creativity, 1999, 1: 3-15.

[182] Stone A A, Kennedy-Moore E, Neale J M. Association between daily coping and end-of-day mood [J]. Health Psychology Official Journal of the Division of Health Psychology American Psychological Association, 1995, 14 (4): 341-349.

[183] Sun L, Yuan F, Cheng Y. I-deals and employee creativity: a self-determination theory perspective [J]. Academy of Management Annual Meeting Proceedings, 2016, 2016(1): 12790.

[184] Taris T W, Beckers D G J, Verhoeven L C, et al. Recovery opportunities, work-home interference, and well-being among managers [J]. European Journal of Work and Organizational Psychology, 2006, 15 (2): 139-157.

[185] ten Brummelhuis L L T, Trougakos J P. The recovery potential of intrinsically versus extrinsically motivated off-job activities [J]. Journal of Occupational and Organizational Psychology, 2014, 87 (1): 177-199.

[186] ten Brummelhuis L L, Bakker A B. Staying engaged during the week: the effect of off-job activities on next day work engagement [J]. Journal of Occupational Health Psychology, 2012, 17 (4): 445-455.

[187] Tett R P, Burnett D D. A personality trait-based interactionist model of job performance [J]. Journal of Applied Psychology, 2003, 88 (3): 500-517.

[188] Tierney P, Farmer S M. Creative self-efficacy: its potential antecedents and relationship to creative performance [J]. Academy of Management Journal, 2002, 45: 1137-1148.

[189] Tierney P, Farmer S M, Graen G B. An examination of leadership and employee creativity: The relevance of traits and relationships [J]. Personnel Psychology, 1999, 52 (3): 591-620.

[190] Tierney P, Farmer S M. The Pygmalion process and employee creativity [J]. Journal of Management, 2004, 30 (3): 413-432.

[191] Tierney P. Creative self-efficacy development and creative performance over time [J]. Journal of Applied Psychology, 2011, 96 (2): 277-293.

[192] Totterdell P, Parkinson B. Classifying affect-regulation strategies [J]. Cognition and Emotion, 1999, 13 (3): 277-303.

[193] Trougakos J P, Beal D J, Green S G, et al. Making the break count: an episodic examination of recovery activities, emotional experiences, and positive affective displays [J]. Academy of Management Journal, 2008, 51 (1): 131-146.

[194] Trougakos J P, Hideg I, Cheng B H, et al. Lunch breaks

unpacked: the role of autonomy as a moderator of recovery during lunch[J]. Academy of Management Journal, 2014, 57 (2): 405-421.

[195] Tushman M L, Anderson P. Technological discontinuities and organizational environments [J]. Administrative Science Quarterly, 1986, 31: 439-465.

[196] van Dyne L, Lepine J A. Helping and voice extra-role behaviors: evidence of construct and predictive validity [J]. Academy of Management Journal, 1998, 41 (1): 108-119.

[197] van Dyne L, Jehn K A, Cummings A. Differential effects of strain on two forms of work performance: individual employee sales and creativity[J]. Journal of Organizational Behavior, 2002, 23 (1): 57-74.

[198] Thayer R E, Newman J R, Mcclain T M. Self-regulation of mood: strategies for changing a bad mood, raising energy, and reducing tension [J]. Journal of Personality and Social Psychology, 1994, 67 (5): 910-925.

[199] van Hooff M L, Baas M. Recovering by means of meditation: the role of recovery experiences and intrinsic motivation[J]. Applied Psychology, 2013, 62 (2): 185-210.

[200] van Hooff M L, Geurts S A, Kompier M A, et al. Workdays, in-between workdays and the weekend: a diary study on effort and recovery [J]. International Archives of Occupational and Environmental Health, 2007, 80 (7):

599-613.

[201] van Scotter J R, Motowidlo S J. Interpersonal facilitation and job dedication as separate facets of contextual performance [J]. Journal of Applied Psychology, 1996, 81 (5): 525-531.

[202] van Wijhe C, Peeters M, Schaufeli W, et al. Rise and shine: recovery experiences of workaholic and nonworkaholic employees[J]. European Journal of Work and Organizational Psychology, 2012, 22 (4): 1-14.

[203] Venz L, Sonnentag S. Being engaged when resources are low: a multi-source study of selective optimization with compensation at work [J]. Journal of Vocational Behavior, 2015, 91: 97-105.

[204] Vinokur A D, Schul Y. The web of coping resources and pathways to reemployment following a job loss [J]. Journal of Occupational Health Psychology, 2002, 7 (1): 68-83.

[205] Volman F E, Bakker A B, Xanthopoulou D. Recovery at home and performance at work: a diary study on self-family facilitation [J]. European Journal of Work and Organizational Psychology, 2013, 22 (2): 1-17.

[206] Wadden J. Marketing Creativity: the influence of personal and proximal work factors on creative activity [J]. Marketing Management Journal, 2011, 21 (2): 70-80.

[207] Wang A C, Cheng B S. When does benevolent leadership lead to creativity? the moderating role of creative role

identity and job autonomy[J]. Journal of Organizational Behavior, 2009, 31: 106-121.

[208] Wang C J, Hueiting T, Mingtien T. Linking transformational leadership and employee creativity in the hospitality industry: the influences of creative role identity, creative self-efficacy, and job complexity [J]. Tourism Management, 2014, 40 (1): 79-89.

[209] Watson D, Clark L A, Tellegen A. Development and validation of brief measures of positive and negative affect: the PANAS scales [J]. Journal of Personality and Social Psychology, 1988, 54 (6): 1063-1070.

[210] Westman M. Strategies for coping with business trips: a qualitative exploratory study [J]. International Journal of Stress Management, 2004, 11 (11): 167-176.

[211] Whitman M V, Halbesleben J R B, Holmes O. Abusive supervision and feedback avoidance: the mediating role of emotional exhaustion [J]. Journal of Organizational Behavior, 2014, 35 (1): 38-53.

[212] Wood R E. Task complexity: definition of the construct [J]. Organizational Behavior and Human Decision Processes, 1986, 37 (1): 60-82.

[213] Woodman R W, Schoenfeldt L F. An interactionist model of creative behavior [J]. Journal of Creative Behavior, 1990, 24(4): 279-290.

[214] Woodman R W, Sawyer J E, Griffin R W. Toward a theory of organizational creativity [J]. Academy of

Management Review, 1993, 18 (2): 293-321.

[215] Xanthopoulou, Despoina, Bakker, et al. The role of personal resources in the job demands-resources model [J]. International Journal of Stress Management, 2007, 14 (2): 121-141.

[216] Xanthopoulou, D, Bakker, et al. Measuring burnout and work engagement: factor structure, invariance, and latent mean differences across Greece and the Netherlands [J]. International Journal of Business Science and Applied Management, 2012, 7 (2): 40-52.

[217] Yuan F, Woodman R W. Innovation behavior in the workplace: the role of performance and image outcome expectation [J]. Academy of Management Journal, 2010, 53(2): 323-342.

[218] Zacher H, Frese M. Maintaining a focus on opportunities at work: the interplay between age, job complexity, and the use of selection, optimization, and compensation strategies [J]. Journal of Organizational Behavior, 2011, 32 (2): 291-318.

[219] Zhang A Y, Tsui A S, Wang D X. Leadership behaviors and group creativity in Chinese organizations: the role of group processes [J]. Leadership Quarterly, 2011, 22 (5): 851-862.

[220] Zhang X, Bartol K M. Linking empowering leadership and employee creativity: the influence of psychological empowerment, intrinsic motivation, and creative process

engagement [J]. Academy of Management Journal, 2010, 53 (1): 107-128.

[221] Zhou J, Shalley C E. Research on employee creativity: a critical review and directions for future research [J]. Research in Personnel and Human Resource Management, 2003, 22: 165-217.

[222] Zhou J, George J M. When job dissatisfaction leads to creativity: encouraging the expression of voice [J]. Academy of Management Journal, 2001, 44 (4): 682-696.

[223] Zhou Q, Hirst G, Shipton H. Promoting creativity at work: the role of problem-solving demand [J]. Applied Psychology, 2012, 61 (1): 56-80.

[224] Zijlstra F R, Cropley M, Rydstedt L W. From recovery to regulation: an attempt to reconceptualize 'recovery from work' [J]. Stress and Health, 2014, 30 (3): 244-252.

英文专著中析出的文献

[1] Amabile T M, Mueller J S. Studying creativity, its processes, and its antecedents: an exploration of the componential theory of creativity [M]. In J Zhou, C E Shalley (eds.). Handbook of Organizational Creativity. New York: Lawrence Erlbaum Associates, 2008.

[2] Baer J. Gender differences [M]. In M A Runco, S R Pritzker (eds.). Encyclopedia of Creativity. San Diego: Academic Press, 1999.

［3］Binnewies C, Sonnentag S, Mojza, E J. The application of diary methods to examine workers' daily recovery during off-job time[M]. In A B Bakker, K Daniels (eds.). A Day in the Life of a Happy Worker. Hove: Psychology Press, 2012.

［4］Demerouti E, Cropanzano R. From thought to action: employee work engagement and job performance[M]. In A B Bakker, M P Leiter (eds.). Work engagement: A handbook of essential theory and research. NewYork: PsychologyPress, 2009.

［5］Ghiselin B. Ultimate criteria for two levels of creativity [M]. In C W Taylor, F Barron (eds.). Scientific Creativity: Its Recognition and Development. NY: John Wiley & Sons, 1963.

［6］Meijman T F, Mulder G. Psychological aspects of workload [M]. In P J D Drenth, H. Thierry (eds.). Handbook of Work and Organizational Psychology. Hove: Psychology Press, 1998, Vol. 2.

［7］Weisberg R W. Creativity and knowledge: a challenge to theories[M]. In R J Sternberg (ed.). Handbook of Creativity. Cambridge, UK: Cambridge University Press, 1999.

英文学位论文

Hanke R C M. Team creativity: a process model [D]. Smeal College of Business, 2006.

英文会议论文

Somech A, Drach-Zahavy A. Coping with work-family conflict from a cross cultural perspective[C]. Biennial Meeting for the International Association of Cross-Cultural Psychology, Istanbul, Turkey. 2011.

附 录

数据收集问卷

问卷一

个人信息

1. 您的姓名（如需保密，人名可缩写，如张华可简写为"ZH"）：_____
2. 您的性别： □ 男 □ 女
3. 你的年龄：_____
4. 婚姻状况： □ 已婚 □ 其他
5. 职业类别： □ 白领 □ 蓝领
6. 您的受教育程度： □ 大专及以下学历 □ 本科及同等学力 □ 硕士及以上学历
7. 您的职位： □ 普通员工 □ 基层管理者 □ 部门主管 □ 高级经理
8. 您工作年限： □ 1年及以下 □ 2—3年 □ 4—5年 □ 6—9年 □ 10年及以上
9. 您分属公司的哪个部门： □ 研发 □ 制造 □ 销售 □ 财务 □ 其他
10. 您所在公司所处的行业：

"过劳人"的创造力从何而来

- ☐ 通信设备制造业 ☐ 机械及仪器制造业 ☐ IT 行业
- ☐ 汽车制造业   ☐ 生物医药类   ☐ 金融行业
- ☐ 其他 _____

问题组 A

针对每个题目,请在最能表达您意思的选项上打"√"。

序号	项目描述	非常不同意↔非常同意				
		1	2	3	4	5
1	非工作时间,我能忘记工作上的事情					
2	下班后,我可以平静下来并放松自己					
3	下班后,我觉得我能够自己决定要做什么事情					
4	非工作时间,我学习新东西(技能/知识)					
5	非工作时间,我根本不会思考工作上的事情					
6	下班后,我做轻松的事情					
7	下班后,我决定自己的日程安排					
8	非工作时间,我寻找挑战脑力的事情					
9	非工作时间,我会让自己远离工作					
10	下班后,我花时间放松					
11	下班后,我决定如何安排我的时间					
12	非工作时间,我做对我有挑战性的事情					
13	非工作时间,我能在诸多工作事务中得到休息					
14	下班后,我花时间休闲					

续 表

序号	项 目 描 述	非常不同意↔非常同意				
		1	2	3	4	5
15	下班后,我以自己的方式处理要做的事情					
16	非工作时间,我做拓宽视野的事情					

问题组 B

针对每个题目,请在最能表达您意思的选项上打"√"。

序号	项 目 描 述	非常不同意↔非常同意				
		1	2	3	4	5
1	我工作的速度必须要快					
2	我不能承受工作的负担					
3	我每天有很多工作要做					
4	我没有足够的时间完成工作					
5	我经常不得不处理积压的工作					

问题组 C

针对每个题目,请在最能表达您意思的选项上打"√"。

序号	项 目 描 述	非常不同意↔非常同意				
		1	2	3	4	5
1	我可以自主决定工作中要做的事情					
2	我对自己的工作几乎没有决定权(反项计分)					

续 表

序号	项 目 描 述	非常不同意↔非常同意				
		1	2	3	4	5
3	凡与工作有关的事情,我都可以参与讨论					
4	我的主管会关心下属的福利					
5	我的主管会听取我的意见					
6	我的主管会帮助下属					
7	我的主管是个有效的组织者					
8	我的同事具有做好份内工作的能力					
9	我的同事关心我					
10	我的同事对我友善					
11	我的同事愿意帮助我					

问题组 D

针对每个题目,请在最能表达您意思的选项上打"√"。

序号	项 目 描 述	非常不同意↔非常同意				
		1	2	3	4	5
1	在工作中,我思维很活跃并且心情开朗					
2	即使工作进展不顺利,我也不会灰心丧气,还能坚持不懈					
3	我能一口气坚持工作很长时间					
4	工作时,我心情舒畅					

续 表

序号	项 目 描 述	非常不同意↔非常同意				
		1	2	3	4	5
5	工作时,我感到精力充沛					
6	我工作的时候,觉得干劲十足					
7	我所做的工作,能够对我产生激励					
8	我很热爱我的工作					
9	我为自己所从事的工作感到骄傲					
10	我觉得我从事的工作非常有意义					
11	我的同事对我友善					
12	当我工作时,我忘记了周围的一切					
13	当我工作时,我几乎忘记了时间					
14	当我工作时,我会达到忘我的境界					
15	在我工作时,很难让我放下手中的活					

问题组 E

针对每个题目,请在最能表达您意思的选项上打"√"。

序号	项 目 描 述	非常不同意↔非常同意				
		1	2	3	4	5
1	在很多方面我的生活与我的理想很接近					
2	我的生活状况非常好					

续 表

序号	项 目 描 述	非常不同意↔非常同意				
		1	2	3	4	5
3	我对自己的生活感到满意					
4	到目前为止,生活中我已经得到了我想要的重要的东西					
5	如果有来世,我几乎不会改变目前的生活方式					

问题组 F

针对每个题目,请在最能表达您意思的选项上打"√"。

序号	项 目 描 述	非常不同意↔非常同意				
		1	2	3	4	5
1	最近我觉得自己身体不健康					
2	最近我觉得自己需要好好调养					
3	最近我觉得疲惫和不舒服					
4	最近我觉得自己病了					
5	最近我常常觉得头疼或头脑紧绷,有压迫感					
6	最近我常常觉得心悸或心跳加快					
7	最近我有感觉忽冷忽热的时候					
8	最近我常常觉得肠胃不适					
9	最近我常常觉得腰酸背痛					

问题组 G

针对每个题目,请在最能表达您意思的选项上打"√"。

序号	项 目 描 述	非常不同意↔非常同意				
		1	2	3	4	5
1	最近我因焦虑而严重失眠					
2	最近我一旦清醒了就很难再入睡					
3	最近我时常感到紧张					
4	最近我觉得我急躁或易怒					
5	最近我会毫无理由地产生恐惧或惊慌					
6	我认为自己是一个没有用的人					
7	我觉得有时会因为精神不济而无法做任何事情					
8	我觉得我的生命没有意义					

问题组 H

针对每个题目,请在最能表达您意思的选项上打"√"。

序号	项 目 描 述	非常不同意↔非常同意				
		1	2	3	4	5
1	我可以准确地完成自己的工作目标					
2	我总是按时完成分派给我的工作任务					
3	我能够高质量地完成工作					
4	我对工作时间有较高的利用率					

问题组 I

针对每个题目,请在最能表达您意思的选项上打"√"。

序号	项 目 描 述	非常不同意↔非常同意				
		1	2	3	4	5
1	我乐于帮助同事解决工作上的问题					
2	我会协助同事解决生活中的实际困难					
3	我会主动探望生病的同事,并在需要时为他们捐款					
4	同事家庭有困难时,我会主动去安慰和资助					
5	我会协助解决同事之间的误会和纠纷,以维护人际和谐					

——问卷到此结束,烦请您再核对有无漏答题目——

再次感谢您的参与和合作!如果您对本研究的结果感兴趣,课题组会将研究结论反馈给您,请写下您的 E-mail:_____!

问卷二

上司问卷
个人信息

1. 您的姓名（如需保密，人名可缩写，如张华可简写为"ZH"）：_____

2. 您的性别： □ 男　□ 女

3. 您的年龄：_____

4. 您的受教育程度：　□ 大专及以下学历　□ 本科及同等学力　□ 硕士及以上学历

5. 您的职位：　□ 普通员工　□ 基层管理者　□ 部门主管　□ 高级经理

6. 您工作年限：　□ 1年及以下　□ 2—3年　□ 4—5年　□ 6—9年　□ 10年及以上

7. 您分属公司的哪个部门：　□ 研发　□ 制造　□ 销售　□ 财务　□ 其他

8. 您所在公司所处的行业：
   □ 通信设备制造业　□ 机械及仪器制造业　□ IT行业
   □ 汽车制造业　□ 生物医药类　□ 金融行业
   □ 其他_____

问题组 A

请评价在过去 1 年内，您下属在工作中表现出的特征。请在最能表达您意思的选项上打"√"。

解释说明：1＝完全不具备；2＝基本不具备；3＝保持中立；4＝基本具备；5＝完全具备

序号	项 目 描 述	完全不具备↔完全具备				
		1	2	3	4	5
Q1	他/她会提出新方法完成工作目标					
Q2	他/她会提出新颖且可行的想法提高其工作绩效					
Q3	他/她会发掘出新的工艺、流程、技艺或产品想法					
Q4	他/她会提出新方法提高工作质量					
Q5	他/她是一个装满创意的智慧库					

问题组 B

1. 总体而言,您下属的工作内容复杂吗?请在最能表达您意思的选项上打"√"。

   [1] 一点都不复杂;   [2] 不复杂;   [3] 有点不复杂;

   [4] 保持中立;   [5] 有点复杂;

   [6] 复杂;   [7] 非常复杂

2. 总体而言,您下属要经过多少培训以便成功地胜任这份工作?请在最能表达您意思的选项上打"√"。

   [1] 近乎不培训;   [2] 极少的培训;   [3] 较少的培训;

   [4] 适量的培训;   [5] 较多的培训;   [6] 很多的培训;

   [7] 非常多的培训

——问卷到此结束,烦请您再核对有无漏答题目——

再次感谢您的参与和合作!如果您对本研究的结果感兴趣,课题组会将研究结论反馈给您,请写下您的 E-mail:_____

_____！

员工问卷

个人信息

1. 您的姓名（如需保密，人名可缩写，如张华可简写为"ZH"）：_____

2. 您的性别： □ 男　□ 女

3. 您的年龄：_____

4. 您的受教育程度： □ 大专及以下学历　□ 本科及同等学力　□ 硕士及以上学历

5. 您的职位： □ 普通员工　□ 基层管理者　□ 部门主管　□ 高级经理

6. 您工作年限： □ 1 年及以下　□ 2—3 年　□ 4—5 年　□ 6—9 年　□ 10 年及以上

7. 您分属公司的哪个部门： □ 研发　□ 制造　□ 销售　□ 财务　□ 其他

8. 您所在公司所处的行业：
   □ 通信设备制造业　□ 机械及仪器制造业　□ IT 行业
   □ 汽车制造业　□ 生物医药类　□ 金融行业
   □ 其他_____

问题组 A

请说明在过去 **1 年**内您所提出的想法或建议的新颖度？请在最能表达您意思的选项上打"√"。

1＝完全不符合；2＝基本不符合；3＝保持中立；4＝基本符合；5＝完全符合。

"过劳人"的创造力从何而来

序号	项 目 描 述	非常不符合↔非常符合				
		1	2	3	4	5
1	我所提出的想法或建议意味着对现有产品与服务理念的重大偏离					
2	我所提出的想法或建议将替代基于目前产品与服务所形成的知识					
3	我所提出的想法或建议具有颠覆性,而不是对现存关于产品与服务的知识的简单修正					

问题组 B

针对每个题目,请在最能表达您意思的选项上打"√"。

序号	项 目 描 述	非常不同意↔非常同意				
		1	2	3	4	5
1	非工作时间,我能忘记工作上的事情					
2	下班后,我可以平静下来并放松自己					
3	下班后,我觉得我能够自己决定要做什么事情					
4	非工作时间,我学习新东西(技能/知识)					
5	非工作时间,我根本不会思考工作上的事情					
6	下班后,我做轻松的事情					
7	下班后,我决定自己的日程安排					
8	非工作时间,我寻找挑战脑力的事情					
9	非工作时间,我会让自己远离工作					

续表

序号	项目描述	非常不同意↔非常同意				
		1	2	3	4	5
10	下班后,我花时间放松					
11	下班后,我决定如何安排我的时间					
12	非工作时间,我做对我有挑战性的事情					
13	非工作时间,我能在诸多工作事务中得到休息					
14	下班后,我花时间休闲					
15	下班后,我以自己的方式处理要做的事情					
16	非工作时间,我做拓宽视野的事情					

问题组 C

针对每个题目,请在最能表达您意思的选项上打"√"。

序号	项目描述	非常不同意↔非常同意				
		1	2	3	4	5
1	我相信自己有能力创造性地解决问题					
2	我相信自己有能力提出新颖且可行的想法					
3	我相信自己有能力精加工或改善他人的想法					

——问卷到此结束,烦请您再核对有无漏答题目——

再次感谢您的参与和合作!如果您对本研究的结果感兴趣,课题组会将研究结论反馈给您,请写下您的 E-mail:＿＿＿＿＿
＿＿＿＿＿＿＿＿＿＿＿＿!

问卷三

个人信息

1. 您的姓名（如需保密，人名可缩写，如张华可简写为"ZH"）：_____
2. 您的性别： ☐ 男 ☐ 女
3. 您的年龄：_____
4. 您的受教育程度： ☐ 大专及以下学历 ☐ 本科及同等学力 ☐ 硕士及以上学历
5. 您的职位： ☐ 普通员工 ☐ 基层管理者 ☐ 部门主管 ☐ 高级经理
6. 您工作年限： ☐ 1 年及以下 ☐ 2—3 年 ☐ 4—5 年 ☐ 6—9 年 ☐ 10 年及以上
7. 您分属公司的哪个部门： ☐ 研发 ☐ 制造 ☐ 销售 ☐ 财务 ☐ 其他
8. 您所在公司所处的行业：
   ☐ 通信设备制造业 ☐ 机械及仪器制造业 ☐ IT 行业
   ☐ 汽车制造业 ☐ 生物医药类 ☐ 金融行业
   ☐ 其他_____

问卷调研第_____周

问题组 A

针对每个题目，请在最能表达您意思的选项上打"√"。

序号	项 目 描 述	非常不同意↔非常同意				
		1	2	3	4	5
1	这个工作周,我提出了可以改善组织中工作条件的新想法					
2	这个工作周,我提出了新颖的且可行的工作想法					
3	这个工作周,我在工作中提出了创造性地解决问题的办法					
4	这个工作周,我提出一些有利于完成工作任务的新方法					
5	这个工作周,我是一个很好的创造性思想的来源					

问题组 B

针对每个题目,请在最能表达您意思的选项上打"√"。

序号	项 目 描 述	非常不同意↔非常同意				
		1	2	3	4	5
1	周末,我能忘记工作上的事情					
2	周末,我可以平静下来并放松自己					
3	周末,我觉得我能够自己决定要做什么事情					
4	周末,我学习新东西(技能/知识)					
5	周末,我根本不会思考工作上的事情					
6	周末,我做轻松的事情					

续　表

序号	项目描述	非常不同意↔非常同意				
		1	2	3	4	5
7	周末，我决定自己的日程安排					
8	周末，我寻找挑战脑力的事情					
9	周末，我会让自己远离工作					
10	周末，我花时间放松					
11	周末，我决定如何安排我的时间					
12	周末，我做对我有挑战性的事情					
13	周末，我能在诸多工作事务中得到休息					
14	周末，我花时间休闲					
15	周末，我以自己的方式处理要做的事情					
16	周末，我做拓宽视野的事情					

问题组 C

请说明在过去 **1 年**内您多大程度上体验到以下词汇所描述的情感？请在最能表达您意思的选项上打"√"。

序号	项目描述	非常不同意↔非常同意				
		1	2	3	4	5
1	羞愧的情感					
2	难过的情感					

续　表

序号	项　目　描　述	非常不同意↔非常同意				
		1	2	3	4	5
3	害怕的情感					
4	紧张的情感					
5	易怒的情感					
6	内疚的情感					

——问卷到此结束,烦请您再核对有无漏答题目——

再次感谢您的参与和合作！如果您对本研究的结果感兴趣,课题组会将研究结论反馈给您,请写下您的 E-mail：_____！

后 记

本书的思想雏形曾于同济大学读书期间写就,之后在教书期间又慢慢增删修改。写作本书的起点带有很强烈的个人感受。笔者读博期间参与了很多学术和实践活动,这些活动既培养了个人能力,同时也会在某个阶段成为"过劳"的缘由。众所周知,每一项科研事务都是创造性的,或多或少都要有思想上的火花迸射,这不同于完成一份简单且重复性的劳作。如何能够持续性地促进个人的创造力,是我当时除了学习和实践之外一直在思考的问题。直到跟多位学者、同窗好友畅聊之后,写作本书的"火花点"被点燃了。

在笔者调研的过程中,几乎每一位被试都处在一定程度的"过劳"状态中。当这种状态是一种社会普遍现象时,也就是森冈孝二所称的"过劳时代"。我在思考现实状况的时候,发现了外文文献对"过劳"已经给予了很多关注,比如森冈孝二的《过劳时代》(2019年)、朱丽叶·B. 斯格尔的《过度劳累的美国人》(1993年)、戴维·希普勒的《穷忙》(2015年)。幸运的是,对于我国当前新型过劳问题,学者杨河清及其团队一直在追踪研究,还有其他科研团队或者实践者在为解惑或解决这一问题奋斗在各个领域,他们的研究贡献在很大程度上为提升我国全民的活力和幸福感提供了启示。

后　记

在本书中,笔者试图通过心理恢复理论,探究从内在因素上激发个体创造力。笔者很想尝试着回答:个体的心理恢复是否能够激发持续创造力。若是这类角色外表现都可以在职场中得到改善,那么其角色内的绩效更可以得到提升。或许"过劳人"在职场环境中能够得到自主恢复调控,哪怕是短暂"喘息",也可以得到个体资源的恢复和维系。笔者期待这些研究成果,能够为每个职场人的工作表现或者工作生活平衡提供更好的依赖策略,而这群激情饱满的劳动者,才是企业乃至社会获得更加持久发展的原动力。

最后,笔者以最深情的爱意表达对母亲的感谢,母爱至伟,感恩于世。谨以此书献给我的母亲李春花女士。

曲怡颖
2021年4月于华政园

图书在版编目(CIP)数据

"过劳人"的创造力从何而来:基于恢复体验视角的研究/曲怡颖著.—上海:复旦大学出版社,2023.5
ISBN 978-7-309-16771-9

Ⅰ.①过… Ⅱ.①曲… Ⅲ.①企业管理-人事管理-研究 Ⅳ.①F272.92

中国国家版本馆 CIP 数据核字(2023)第 037862 号

"过劳人"的创造力从何而来:基于恢复体验视角的研究
Guolaoren De Chuangzaoli Congheerlai: Jiyu Huifu Tiyan Shijiao De Yanjiu
曲怡颖 著
责任编辑/朱 枫

复旦大学出版社有限公司出版发行
上海市国权路 579 号 邮编:200433
网址:fupnet@fudanpress.com http://www.fudanpress.com
门市零售:86-21-65102580 团体订购:86-21-65104505
出版部电话:86-21-65642845
上海华教印务有限公司

开本 890×1240 1/32 印张 8.375 字数 195 千
2023 年 5 月第 1 版
2023 年 5 月第 1 版第 1 次印刷

ISBN 978-7-309-16771-9/F·2969
定价:45.00 元

如有印装质量问题,请向复旦大学出版社有限公司出版部调换。
版权所有 侵权必究